多元视角下英语教育模式综合探究

甘丽莎　著

全国百佳图书出版单位　吉林出版集团股份有限公司

图书在版编目（CIP）数据

多元视角下英语教育模式综合探究 / 甘丽莎著. --
长春：吉林出版集团股份有限公司，2022.8（2023.9 重印）
ISBN 978-7-5731-1947-6

Ⅰ. ①多…　Ⅱ. ①甘…　Ⅲ. ①英语-教育模式-研究
Ⅳ. ①H319.3

中国版本图书馆 CIP 数据核字（2022）第 143880 号

DUO YUAN SHIJIAO XIA YINGYU JIAOYU MOSHI ZONGHE TANJIU

多元视角下英语教育模式综合探究

著：甘丽莎
责任编辑：朱　玲
封面设计：雅硕图文
开　　本：720mm×1000mm　1/16
字　　数：170 千字
印　　张：9.25
版　　次：2022 年 8 月第 1 版
印　　次：2023 年 9 月第 2 次印刷

出　　版：吉林出版集团股份有限公司
发　　行：吉林出版集团外语教育有限公司
地　　址：长春市福祉大路 5788 号龙腾国际大厦 B 座 7 层
电　　话：总编办：0431-81629929
印　　刷：涿州汇美亿浓印刷有限公司

ISBN 978-7-5731-1947-6　　定　　价：52.00 元

前言
Preface

随着全球科技和经济的发展，英语在各行各业发挥着日益重要的作用。目前英语作为全球的通用语言已经成为世界各国普遍联系的桥梁，尤其是在经济和科技方面。随着世界经济的快速发展，英语作为一种国际化交流的语言显得越来越重要。虽然我国的英语教育已经取得了一定的成绩，为社会输送了大批优秀的英语人才，但我国的英语教育中还存在许多现实的问题，这些问题制约着我国英语教育的进一步发展。事实上，我国不少学校在英语教育实践中依然采用传统的英语教育模式，这种传统教育模式无法激起学生的英语学习兴趣。由此可见，在新时代下英语教育改革和创新势在必行。

在英语教育中，教育模式是一个重要的组成部分。所谓教育模式是指在一定的教学理论与教学思想的指导下，为了实现教学目标而制定的、相对稳定的教学活动与教学方法的结构框架。随着英语教育的改革与发展，英语的教育模式也发生了巨大的变化。英语教育模式创新是促进英语教学改革的主要手段，它不仅可以调动学生学习的积极性，还可以大幅度地提升英语教育的质量。在英语教育模式的创新中，英语教师必须要准确地把握信息化建设的重要机遇，充分利用各项先进的技术对有价值的信息进行深入挖掘，进而掌握学生的实际需求，建立新型的教学体系，促进英语教育智能化以及信息化发展。

在新的时代发展背景下，学校应该积极地尝试探索多样化的英语教育模式，从而不断在实践中提升英语教师的教学效率以及学生的学习效率，最终提升英语教育的总体质量。

本书是一本探讨英语教育模式的著作，共分为六章。本书一共分为三个不同的部分进行论述，其中第一部分（第一章）主要论述了英语教育的相关基础性知识，包括我国英语教育的发展历程等；接着第二部分（第二章至第五章）进一步探讨了不同视角下英语教育模式的相关内容，即自主学习视角下的英语教育模式、信息化视角下的英语教育模式、互动视角下的英语教育模式、教育生态视角下的英语教育模式，内容丰富；第三部分（第六章）主要围绕英语教师的专业发展等相关内容展开分析。众所周知，在英语教育中，英语教师是重要的组成部分，英语教师的教育水准以及质量会对英语教育的质量产生很大的影响，因而学校应该注重提升英语教师的专业化发展。

全书以多元视角下英语教育模式为主题，分析和论述了当前相关领域的研究成果，并在此基础上提出了自己的理论和见解。在具体语言表达过程中，作者考虑到不同读者阅读和理解水平的差异，因此选用了平实的语言，有利于学习者的参阅与学习。在本书写作过程中，作者查阅了大量的国内外资料和文献，吸收了很多与之相关的最新研究成果，借鉴了许多专家学者的观点，并在此基础上形成了一家之言。但是，由于时间仓促和个人能力有限，本书可能还存在很多不足之处，希望读者指教。最后，作者对给予本书巨大帮助的各位朋友致以最诚挚的感谢。

目录
Contents

第一章　英语教育的基础知识 …… 1
　第一节　我国英语教育的发展历程 …… 1
　第二节　英语教育的主要理论基础 …… 8
　第三节　英语教育遵循的主要原则及影响因素 …… 14
第二章　自主学习视角下的英语教育模式 …… 25
　第一节　自主学习解读 …… 25
　第二节　影响自主学习的因素 …… 28
　第三节　英语自主学习教育策略研究 …… 35
　第四节　英语自主学习教育模式的构建 …… 40
第三章　信息化视角下的英语教育模式 …… 46
　第一节　信息技术与教育信息化 …… 46
　第二节　英语教育信息化的 SWOT 分析 …… 55
　第三节　英语微课和慕课教育模式探究 …… 57
　第四节　英语翻转课堂教育模式研究 …… 64
第四章　互动视角下的英语教育模式 …… 68
　第一节　互动式教学概述 …… 68
　第二节　基于互动的英语情境教育模式 …… 74
　第三节　基于互动的英语任务型教育模式 …… 80
　第四节　提升英语教育课堂中互动的策略 …… 89
第五章　教育生态视角下的英语教育模式 …… 91
　第一节　英语生态课堂概述 …… 91

第二节　生态教育融入英语教育的理论基础 …………………………… 93
第三节　英语教育生态模式的内涵与特征分析………………………… 104
第四节　英语教育生态优化………………………………………………… 105
第六章　推动英语教育发展的核心因素——英语教师的专业发展…………… 113
第一节　教师专业发展概述………………………………………………… 113
第二节　新时期英语教师的基本素养分析………………………………… 116
第三节　英语教师专业发展的内涵和模式………………………………… 123
第四节　英语教师专业发展的内在要求及基本路径……………………… 127
参考文献……………………………………………………………………… 135

第一章　英语教育的基础知识

当今社会，英语已经成为国际通用语言，英语教育的重要性越来越突出。改革开放后，中国的英语教育发展速度一直较快，学生的整体英语素质都得到了相应提高，可见英语教育的发展为对外交流、文化建设和经济发展都做出了重要贡献。本章首先分析了我国英语教育的发展历程，接着进一步论述了英语教育的主要理论基础，探讨了英语教育遵循的主要原则及影响因素，最后详细地分析了英语教育的主要方法等相关内容。

第一节　我国英语教育的发展历程

一、早期贸易与传教中的英语教育

在早期的中西贸易中曾普遍存在一种不中不西的语言，称为“洋泾浜”（Pidgin）。从词源上，“Pidgin”这个词源自中国人（主要是粤语区的人）对于英语单词“business”（生意）不准确的发音，它指的是讲不同语言的族群由于交际的需要，临时创造出来的一种混合语，我国“洋泾浜”是由葡萄牙语、英语和汉语相互融合而成的，其中葡萄牙语和英语处于主导地位。

我国“洋泾浜”的发展可以分成四个阶段：起源、兴盛、扩展和消亡。第一个阶段为18世纪之前，以澳门葡萄牙语为主导。第二阶段为18世纪到19世纪40年代。中英贸易迅速发展，形成了盛行一时的广东英语。第三阶段为19世纪40年代到19世纪末期。鸦片战争之后，广州、厦门、上海、福州等地开始对外通商，广州原本就存在的中国人与外国人交流的媒介“广东英语”借此机会得以北上，并逐渐影响到其他几个城市。其中较为典型的例子就是开埠后的上海，开始盛行所谓上海“洋泾浜”英语。第四阶段为19世纪末期到现在。19世纪末期，“洋泾浜”英语逐渐消亡，其主要原因是中国社会政治、经济和文化的发展以及不规范用语所带来的交流上的不方便，使得人们在对外交流中更喜欢用标准英语。今天“洋泾浜”英语作为一种曾经存在过的实际交流的语言其大部分已经消亡，但也有部分词汇被现代汉语和现代英语所吸纳，尤其是在香港、上海等地，我们还能从一些当地的特有词汇中看到它的影子。

1818 年，英国传教士马礼逊（R. Morrison）在马六甲建立的英华书院被看作是我国教会英语教育的开端。和贸易英语不同，教会英语教育作为传教士传教活动的一部分，它并不是将中西文化交流或英语的实用性价值作为目标，而是将其作为传播福音的工具。教会英语教育的根本目的就是传播以基督文明为核心的西方文明，使中国人皈依基督教，进一步达到传教以及为西方殖民利益及宗教利益服务的目的。

近代早期的教会学校集中在五个开放通商的沿海城市（上海、宁波、福州、厦门、广州）和香港；大多附设于教堂，规模小，开始时一般不满 10 人，招生的对象主要是下层的子弟。这些教会学校以初等、中等教育为主，并且受到整个社会的排斥。

教会学校把主要精力都放在了传教的最重要工具——英语教育上面，这一时期的教会英语教育的特点是教学内容简单，采取语法翻译法，以英文原版教材为主。但是，它们奏响了我国学校英语教育的先声，将正规英语教育的概念引入了我国，在客观上促进了英语在我国的传播。

二、清朝末期的英语教育

19 世纪中叶，随着全球形势的发展变化，作为外语的主要语种已由葡萄牙语、西班牙语逐渐转换为英国、美国使用的英语。1862 年京师同文馆建立，首先开设英文馆。关于英语教育，同文馆注重翻译实践（笔译和口译）的教学，并采用了一种具体的英语教学模式——语法翻译法。同文馆在低年级阶段主要集中强化英语语言训练。语言通顺之后，从中高年级开始，英语语言训练就开始和科学知识的教学相互融合。这种注重当时的社会需求、以科学教学促进语言的学习是当时英语教育的特色，对现在的英语教学也有很好的借鉴意义。

在京师同文馆的影响和带动之下，随后在全国主要大城市纷纷设立英语人才的培养机构。上海成立“上海广方言馆”（1863 年），以外国语文为主修课程，兼修历史、地理与自然科学；在广州成立了“广方言馆”（又称“广州同文馆”，1864 年），培养八旗子弟翻译人才；1867 年成立了江南制造厂，内设翻译局，并开始翻译西方的自然科学、军事科学著作。这一时期英语翻译成为了解和学习西方文化和先进科学的最佳通道。1902 年京师同文馆并入京师大学堂（今北京大学），并于 1903 年设立“译学馆”，继承并发展了同文馆的教学理念和教学模式等。另外，其办学目标是在培养翻译和英语教育方面人才的基础上，以训练他们中西贯通为最高目标。这种“中西并重”的观念特别强调外语学习并非仅是涉猎西学的门径，还是研读外国学术的辅助；学习外语的终极目的并非仅是语言文字的应用，而是会通中学与西学。“译学馆”是我国清末培养外交、外贸方面的笔译与口译人员中规模最大的一所学校，为清末乃至后来的民国政府输送了大量翻译与外交人才。

三、民国时期的英语教育

中西方交流需要英语人才，如果说最初的中西方交往是基于宗教、科技、文化等层面的交流，那么随之而来的交流则是一种基于政治、经济、文化等多维度、全方位、立体式的交流。到了民国时期，这种交流进一步扩大，已从沿海通商口岸扩大到广大内陆地区，甚至甘肃、新疆、西藏等内陆腹地和边疆地区都被纳入世界资本主义体系。频繁的对外政治交往、经贸往来、科技文化交流都需要大量精通英语的人才。开展英语教育，培养英语人才，直接关系到学校的生存和发展。因此，以市场为导向，学校英语教育一开始就承担起了为社会发展培养英语人才的历史使命，这也与当时各地的社会经济发展水平相吻合。清末的学校英语教育主要集中在五个沿海通商口岸。到了民国时期，英语教育在全国各地、各级各类学校中蓬勃开展起来，建立并稳定了大学、中学、小学英语教育体系，即使是远在西南边陲、相对封闭落后的西藏地区，也出现了英语学校。但是，受需求的影响，民国时期的学校英语教育，特别是外语专门学校和开设外国文学（英国文学）系科的高等学校，仍主要集中在上海、南京、福建、广州等沿海地区和省会城市。各类学校根据本地经济社会发展的需要自主开设英语教育课程，培养了大量的英语人才，有力地促进了中外政治、经济、科技和文化交流。

在具体的教育实践中，民国时期的学校英语教育，在清末英语教育的基础上，立足于社会与经济发展的实际，紧跟国际英语教育的潮流，围绕语言教学和英语人才培养，谋划学校英语教育布局，革新英语教育模式，加强师资队伍建设，引进使用原版英文教材，从而形成了鲜明的特点。

（一）学校英语教育发展不平衡

首先，从整体上看，民国时期的社会生产力发展水平还比较低下，在广袤的内陆地区，自给自足的封建自然经济仍占主导地位，是典型的农业社会。只是在上海、广州、南京等开放口岸和大城市，由于西方帝国主义的入侵等原因，资本主义工商业才相对发达。沿海与内地、城市与农村之间的经济社会发展水平差异极大，“二元结构”非常明显，学校英语教育也存在较大的差异。经济发达、外向度高的沿海省份和城市的英语教育水平明显高于经济落后、外向度低的地区。

其次，民国时期的办学体制多元，既有公立学校，也有私立学校，还有一定数量的教会学校。因其类型多样，教育目标和教学要求、教学方法不尽相同。不同类型学校的英语教学在课程设置、教学内容、教学方法、教材选择、师资建设等方面，差异非常大。在教学方法方面，普通公立学校、私立学校多采用语法翻译法，专业课程和农村学校的英语课程一般用汉语讲授。教会学校则紧跟国际英语教学潮流，采用直接法开展双语教学，用英语讲授专业课程。

（二）英语教育师资逐渐实现自给

为了免致“永远依靠外国教师”，培养造就本土英语教师的工作开始受到关注和重视，英语师资培养由此提上议事日程。1912 年以后，国家随即着手加强英语教育，培养英语教师。在 1924 年中华教育改进社的南京教育年会上，英语教学组提出《英语教学改进计划》，特别强调培养中等学校的英语教师的重要性，并制定了详细的培养方案。除了外籍教师外，民国时期英语教师的来源主要有三种：一是高等学校英语系培养。民国时期的大学，开设的外国文学（或英国文学）系的很多。到 1949 年，全国有几十所综合性大学设有外国文学（或英国文学）系科，有 10 余所高校设有外国语（英语）师范系科。二是各大学、专门学校都很重视自己英语教师的培养，通过培训、进修或交换教授、公派出国培训等形式，提高现有教师的专业水平和能力。三是出国留学人员回国任教。西方列强为了培植在华代理人，以便控制中国并捞取商业利益，大量接收中国留学生。其中，赴英、美留学人数较多。这些留学生，在西方国家学习自然科学和人文社会科学知识，并学到了各国“活”的语言。许多留学生回国后，积极从事英语教育工作。

四、1949 年后的英语教育

（一）1949—1965 年的英语教育

在 1949 年至 20 世纪 60 年代是初期阶段，百废待兴。这一阶段我国政府对外语教育规划工作比较重视，不仅初步确立了学校外语教育的基本模式和培养目标，也建立了外语教育的各级体系。但是，这个阶段我国外语教育政策的制定不可避免地受到国际大环境的制约以及国内政治运动的影响。当时由于国家的对外政策倾向以“亲苏学苏、反美抗美”为基本特征，我国的外语教育出现了一边倒倾向，全社会掀起了学俄语的热潮。1950 年教育部明确将俄语课纳入中学外语课程之中，同时设置了多门语言理论课程，晚清及民国已发展较成熟的英语课逐渐从课程表上消失。那个时候外语教学必然突出的是俄语，英语作为中学的一门学科，在很长一段时间内是处于一种勉强维持的局面。1956 年 7 月，教育部下达《关于中学外国语科的通知》，这个通知在当时我国的中学外语教育中占有重要的地位。它纠正了忽视英语教学的偏向，撤销了 1954 年起初中停开外语科的决定。这个通知的下达，结束了我国中学英语教学勉强维持的局面。自 1957 年开始，我国的中学英语教学终于摆脱了勉强维持的局面，开始逐步恢复。在教育部正式颁发的中学教学计划中，外语已被列为一门重点学科。

（二）1966—1976 年的英语教育

正在英语教育刚刚开始得到重视之时，社会发展开始变得缓慢，这也导致英语教育发展出现了问题。在此期间，高等教育几乎处于瘫痪状态。此时期的英语教育不太规范，没有教学大纲、教学要求，一般采取教生词、读课文以及英汉互译的方法。学生基本上不练习口语，课堂上偶尔采用问答法。因此，学生在这个时期很少能学到地道的英语，学习的内容大多为具有中国特色的政治方面的英语译文，这些语言难以被以英语为母语国家的人所接受与理解。

（三）1978 年至今的英语教育

改革开放政策不仅给我国经济的发展带来了春风，同时也给英语教育注入了新的活力。这一时期的英语教育事业和其他事业一样发生了巨大的变化，特别是在十一届三中全会后提出的“为实现四个现代化而努力学习外语”的方针政策深得人心，引起了全社会对英语学习的关注，全国出现了学习英语的热潮。改革开放后的 30 年是我国英语教育飞速发展的时期，这一时期的英语教育取得了令人瞩目的成绩。于基础教育阶段而言，1978 年教育部贯彻邓小平同志要重视中小学教育的指示，为了培养更多的建设性人才，颁布了《全日制十年制中小学英语教学大纲（试行草案）》，1978 年国务院批转教育部《关于加强中小学教师队伍管理工作的意见》，1979 年教育部采取让高等院校和其他部门教师到中学、师范和教师进修学院担任教师工作的措施，加强中学外语教师队伍，坚决制止外语骨干教师的外流，保证基础教育阶段外语教师师资队伍的稳定。于高等教育阶段而言，1978 年，高考制度得以恢复，我国的英语教育开始蓬勃发展起来。1978 年至今，我国的英语教育不管在师资力量的壮大、教学大纲的制订，还是在教材建设、教学方法多样化等方面均取得了长足的进步。

五、全球化背景下的英语教育

（一）培养全球视野和创新思维

在英语教育中，要使学生学会做人、学会生活、学会学习，具备适应全球化的能力和素质；要变应试教育为素质教育，培养学生语言综合运用能力、学习技巧、创新思维等。英语教育要让学生具有全球化视野，既能以全球化的视野进行思维，又能结合本地实际采取适当行动，解决实际问题。在英语教育中要有具体的国际化方面的内容，通过讨论，激发学生的学习动机，提升英语水平和全球化意识。英语教育的目标应是培养适应经济全球化、信息全球化的，有国际意识、国际竞争力的人才。在教育观念上要具有全球化战略思维和国际化战略眼光；具有国际竞争意识及合作交流意识；具有坚持中国特色、弘扬中华民族优秀传统文化、防止地域文化和殖民主义入侵的意识。

（二）加强师资队伍建设

师资队伍是学科发展的重要力量。为了培养合格的英语专业人才，必须提高教师的综合素质和改善师资队伍结构。高校要有规划、有目标地引进人才（学科带头人）、稳定人才（中青年教师队伍，防止人才流失）和培养人才（鼓励教师的在职教育，提高教师的综合素质和专业水平），合理地配置教师队伍职称、学历和年龄结构。尤其要重视学科带头人和骨干教师的培养，使他们能充分发挥自己的作用并建立不同专业方向的学科团队，从而带动整个教师队伍的发展。

（三）制定统一的英语教育标准和科学的评价体系

《大学英语教学指南》（2020 版）调整了大学英语的教学目标，即培养学生的英语综合应用能力，特别是听说能力，使他们在今后工作和社会交往中能用英语有效地进行口头和书面的信息交流，同时增强其自主学习能力，提高综合文化素养，以适应我国社会发展和国际交流的需要。在此要求中，强调了英语综合应用能力、听说能力、自主学习能力，这是进步的表现。高等学校英语专业英语教学大纲规定：高等学校英语专业培养具有扎实的英语语言基础和广博的文化知识，并能熟练地运用英语在外事、教育、经贸、文化、科研、军事等部门从事翻译、教学、管理、研究等工作的复合型英语人才。我们应成立国家外语中心，涵盖小学、普通中学、高职高专、大学，把英语教育放在一个科学、有序、目标明确的完整框架内。只有这样，才能使学生具备英语综合应用能力，适应全球化的要求。同时，要制定国家英语能力标准，用统一的尺度来衡量英语水平的高低，不再区分英语专业和非英语专业。从小学到大学有不同的等级要求，学生要分别达到相应的能力标准。

（四）培养文化自觉意识

首先，自觉认同本民族文化。英语作为文化传递的重要工具，在教学中教师就应正确引导学生梳理和提升对民族文化的自觉认知。在此基础上，不仅带领学生理解西方优秀文化，更要帮助学生学习和传播中华民族优秀传统文化和新时代中国特色社会主义先进文化。

其次，自觉引领文化方向。教育肩负着文化传承和创新的历史使命。我国教育在传承和发扬中华民族文化传统和建设现代新文化方面，始终扮演着不可替代的角色。英语教育是我国教育的重要组成部分，它在我国对外交往和文化传播中起着重要的作用，在文化建设中肩负着引领社会文化方向的重大责任。英语教育在培养人才的过程中，只有把体现社会主义核心价值的文化观念融入教学科研和文化交流之中，才能确保文化引领方向。

最后，全球化背景下的英语教育要自觉秉承“和而不同”的理念。“和而不同”是中华优秀传统文化的精华，其含义是在保持各自主体性的前提下承认不同的存在，尊重不同个体的特性，并与其他个体和谐相处。面对多元化文化我们既承认不同国家或民族文化之间的差异性，又追求不同文化间的相互吸收、相互交融，最终达到和谐的统一与共同繁荣的目标。中华文化正是在长期同异域文化的碰撞激荡、吸收借鉴、“和而不同”中发展起来的多种文化积淀的结晶。将“和而不同”的思想运用于外国语言与文化的学习，就是既不丢弃民族文化，也不拒绝外来文化，它是在知己知彼的前提下做到扬弃和在平等看待不同文化基础上的学习，既要始终自觉保持民族文化的独立性，又要有海纳百川的心态，在互相尊重和互相理解的基础上，坚持“三全育人”理念贯穿教育始终。

第二节　英语教育的主要理论基础

一、错误分析理论

错误分析理论是英语教育研究的一个重要手段，也是提高学生英语写作能力、改进和提高英语教学的重要方法，这里以错误分析理论在大学英语写作教学中的运用为例探讨错误分析理论对英语教育的启示。

（一）错误分析理论的基础知识

随着语言学的发展和对语言错误的进一步研究，人们便开始把研究焦点转向了对学习者的错误进行系统的分析和研究，以期发现、了解、解释语言学习策略和过程。

错误分析理论首先将错误与失误进行区分，认为错误是因为对某种语言规则的无知而出现的语言使用上的偏差，而失误是指由于偶然的疏忽而没能正确应用已知规则而造成的语言行为上的错误。产生的错误主要来自三个方面：(1) 语际语言错误，也即是由于学习者把母语习惯带入目的语的学习和运用中造成的语言负迁移。(2) 语内语言错误，这类错误是因为学习者对目的语的规则理解不对或学习不全面而引起的。(3) 其他方面的错误，如教学方法、文化背景与习惯、语言知识、文体与修辞等。从中可以看出语言学习是一个不断犯错误的创造性过程，学生在犯错误、纠正错误中不断取得进步。

错误分析理论在语言教学过程中可起到以下几方面作用：第一，了解外语学习者对目的语熟悉的程度。第二，了解外语学习者是如何学习外语的。第三，错误分析对于外语学习者本人来说也是必不可少的环节。它可以用来检验学习者其对所学语言本质认识正确与否。

（二）错误分析对英语教育的启示——以英语写作为例

作为英语教学中的难题，作文一直是英语教学研究的重点。通过运用错误分析理论对学生作文中的常见错误进行分析给英语写作教学带来了许多重要的启示。

1. 转变对待错误的态度

英语的学习有别于母语的学习，一味地用母语的学习方式来套用英语学习是错误的，也是不科学的方法。英语学习受到的影响很多，例如，母语的影响，特别是母语负迁移的影响以及语言文化差异的影响等，这些都表明英语学习过程就是一个不断犯错、不断纠正的过程。学习者对于错误大惊小怪或是惧怕犯错都对语言学习不利。因此，学习者对待英语学习过程中所出现的错误要树立一个正确的态度。英语写作课是一门实践课，一个学生所学的语言基本技能和文化素养都体现在该学生的写作表达中。因而教师要使学生认识到在英语学习中出错是很自然的现象，学生在犯错与纠正过程中就在不断学习和提高；如果学生没有错误，就没有进步，这样教师就可以扭转学生对错误的惧怕感。同时，对所出现的错误，学生要学会整理和分析，找出原因所在，并有意识地在实践中加以改正。

2. 注重基础教学

错误分析理论使得教师能从对学生作文中的错误分析判断出学生犯错的原因，这对教师的教学起到了指导作用。教师在日常的英语教学中要更加注重英语基础知识与基本技能的教学工作，其主要包括词汇、语法、句法以及篇章结构等方面。

在英语词汇教学中，词汇是语言构成的最基本要素，教师在教学中要给予足够的重视。教师要让学生了解大学英语教学大纲对学生的词汇要求，实时地向学生介绍词汇学习的策略和方法。

在教学中，教师要对词汇的词性、词意、使用特点、常用搭配、常用词的同义词和近义词之间的区别加以明确的说明，训练学生在不同语言环境中词汇的使用要点，增强学生学习的乐趣和主动性，鼓励学生多使用所学的词汇，提高它们的使用率，使学生学到的每个词汇都活起来。

必要的、正确的语法知识是英语写作的重要一环。没有正确的语法知识，文章就只是一个个单词，就不成其为文章，也无法表达出篇章含义。学生语法知识的薄弱主要有两方面因素：其一，部分英语教师忽略语法知识的讲授。这直接导致了学生对语法知识学习的不重视。其二，大多数学生对语法知识掌握得不系统、不扎实、不准确。因此，在英语写作教学中，教师要帮助学生整理与归纳必要的、重点的、写作中常用的语法知识，以帮助学生在写作中正确运用语法知识。

句法教学也是英语写作教学中的一个重要的环节。教师通过对学生作业中句法错误的分析，分析母语负迁移对学生的语句表达可能产生的影响。例如，在汉语中，我们可以在一个句子中同时使用，如“因为……所以……”“尽管……但是……”等，但在英语中，这样的使用就是不规范的用法。汉语中一个句子可以有多个动词，而英语中一句话只能有一个动词。这些都是学生写作中常出错的地方。因此，如何写出一个完整的、合乎英语规范的句子是值得教师认真对待的问题。

3. 通过多阅读提高学生的英语写作水平

大量的英语阅读对英文写作有着重要的作用。通过英语阅读，学生不仅可以体会到不同的文化信息和思想情感，还能从中学到与写作密切相关的知识：词汇的正确使用、规范的语法表达、修辞与篇章结构等。学生应多读多背经典的英语篇章，日积月累，这些都对提高学生英语的实际应用能力和准确性、消除母语负迁移的影响、有效避免中国式英语起着积极的作用。

4. 加强文化知识的学习

英语学习不仅仅是对语言基本技能的掌握，如语音、词汇、语法等，更重要的是要对所学语言的文化与历史有所了解，这样学生才能更精确地使用这种语言。汉语与英语分别有着不同的文化背景，中西文化差异是影响英语写作能力提高的重要因素之一。在大学英语写作教学过程中，将文化背景差异与英语语言技能的教学有机地融合在一起，对培养学生的文化意识、对不同文化的思维模式的理解都会起着积极的作用，从而更有效地提高学生的英语写作能力。

总而言之，错误分析理论在英语教学中起着重要的作用，它是进行英语教学研究的一个重要手段。英语学习的过程就是一个不断犯错误的过程，学生通过对错误的分析与纠正进而取得进步。而错误分析理论正是通过分析错误来找出和总结英语学习过程中的一些规律。错误分析理论不仅有利于教师了解和研究学生在英语学习中所遇到的困难等，进而采取更为有效的方法来加以纠正，错误分析理论还可以帮助教师不断改进教学方法，提高英语教学的水平。

二、建构主义理论

（一）建构主义理论的基础知识

建构主义也译作结构主义，它是微课程形成的最主要的理论依据。建构主义理论一个重要概念是图式，图式是指个体对世界的知觉理解和思考的方式，也可以把它看作是心理活动的框架或组织结构。图式是认知结构的起点和核心，或者说是人类认识事物的基础。因此，图式的形成和变化是认知发展的实质。认知发展受三个过程的影响，即同化顺化和平衡。

（1）同化是指学习个体对刺激输入的过滤或改变过程。也就是说个体在感受刺激时，把它们纳入头脑中原有的图式之内，使其成为自身的一部分。

（2）顺应是指学习者调节自己的内部结构以适应特定刺激情境的过程。当学习者不能用原有图式来同化新的刺激时，便要对原有图式加以修改或重建，以适应环境。

（3）平衡是指学习者个体通过自我调节机制使认知发展从一个平衡状态向另一个平衡状态过渡的过程。

（二）建构主义理论的教学思想

1. 建构主义的知识观

（1）知识不是对现实的纯粹客观的反映，任何一种传载知识的符号系统也不是绝对真实的表征。它只不过是人们对客观世界的一种解释、假设或假说，它不是问题的最终答案，它必将随着人们认识程度的深入而不断地变革、升华和改写，出现新的解释和假设。

（2）知识并不能绝对准确无误地概括世界的法则，提供对任何活动或问题解决都实用的方法。[①] 在具体的问题解决中，知识是不可能一用就准，一用就灵的，而是需要针对具体问题的情景对原有知识进行再加工和再创造。

（3）知识不可能以实体的形式存在于个体之外，尽管通过语言赋予了知识一定的外在形式，并且获得了较为普遍的认同，但这并不意味着每个学习者对这种知识有同样的理解。真正的理解只能是由学习者自身基于自己的经验背景而建构起来的，取决于特定情况下的学习活动过程。否则，就不叫理解，而是叫死记硬背或生吞活剥，是被动的复制式的学习。

2. 建构主义的学习观

（1）学习不是由教师把知识简单地传递给学生，而是由学生自己建构知识的过程。学生不是简单被动地接收信息，而是主动地建构知识的意义，这种建构是无法由他人来代替的。

（2）学习不是被动接收信息刺激，而是主动地建构意义，是根据自己的经验背景，对外部信息进行主动地选择、加工和处理，从而获得自己的意义。外部信息本身没有什么意义，意义是学习者通过新旧知识经验间的反复的、双向的相互作用过程而建构成的。因此，学习不是像行为主义所描述的“刺激、反应”那样。

（3）学习意义的获得，是每个学习者以自己原有的知识经验为基础，对新信息重新认识和编码，建构自己的理解。在这一过程中，学习者原有的知识经验因为新知识经验的进入而发生调整和改变。

（4）同化和顺应，是学习者认知结构发生变化的两种途径或方式。同化是认知结构的量变，而顺应则是认知结构的质变。同化→顺应→同化→顺

① 韩吉珍. 职前教师实践性知识研究［M］. 太原：山西科学技术出版社，2016：95.

应……循环往复，平衡→不平衡→平衡→不平衡……相互交替，人的认知水平的发展，就是这样的一个过程。学习不是简单的信息积累，更重要的是包含新旧知识经验的冲突，以及由此而引发的认知结构的重组。学习过程不是简单的信息输入、存储和提取，是新旧知识经验之间的双向的相互作用过程，也就是学习者与学习环境之间互动的过程。

3. 建构主义的学生观

（1）建构主义强调，学习者并不是空着脑袋进入学习情境中。[①] 在日常生活和以往各种形式的学习中，他们已经形成了有关的知识经验，他们对任何事情都有自己的看法。即使有些问题他们从来没有接触过，没有现成的经验可以借鉴，但是当问题呈现在他们面前时，他们还是会基于以往的经验，依靠他们的认知能力，形成对问题的解释，提出他们的假设。

（2）教学不能无视学习者的已有知识经验，简单强硬的从外部对学习者实施知识的“填灌”，而是应当把学习者原有的知识经验作为新知识的生长点，引导学习者从原有的知识经验中，生长新的知识经验。教学不是知识的传递，而是知识的处理和转换。教师不单是知识的呈现者，不单是知识权威的象征，而应该重视学生自己对各种现象的理解，倾听他们时下的看法，思考他们这些想法的由来，并以此为据，引导学生丰富或调整自己的解释。

（3）教师与学生，学生与学生之间需要共同针对某些问题进行探索，并在探索的过程中相互交流和质疑，了解彼此的想法。由于经验背景的差异的不可避免，学习者对问题的看法和理解经常是千差万别的。其实，在学生的共同体中，这些差异本身就是一种宝贵的现象资源。建构主义虽然非常重视个体的自我发展，但是他也不否认外部引导，亦即教师的影响作用。

4. 建构主义的学习环境

在建构主义理论中，学习者的知识是在一定情境下借助于他人的帮助，如人与人之间的协作、交流、利用必要的信息等，通过意义的建构而获得的。[②] 理想的学习环境应当包括情境、协作、交流和意义建构四个部分。

（1）情境。学习环境中的情境必须有利于学习者对所学内容的意义建构。在教学设计中，创设有利于学习者建构意义的情境是最重要的环节或方面。

（2）协作。协作应该贯穿于整个学习活动过程中。教师与学生之间，学生与学生之间的协作，对学习资料的收集与分析、假设的提出与验证、学习进程的自我反馈和学习结果的评价以及意义的最终建构都有十分重要的作用。协

① 林湛. 学校形象识别系统的研究［M］. 厦门：厦门大学出版社，2015：33.

② 崔昌淑. 心理辅导课的教学研究［M］. 广州：广东高等教育出版社，2014：42.

作在一定的意义上是协商的意识。协商主要有自我协商和相互协商。自我协商是指自己和自己反复商量什么是比较合理的；相互协商是指学习小组内部之间的商榷、讨论和辩论。

（3）交流。交流是协作过程中最基本的方式或环节。比如学习小组成员之间必须通过交流来商讨如何完成规定的学习任务达到意义建构的目标，怎样更多的获得教师或他人的指导和帮助等等。其实，协作学习的过程就是交流的过程，在这个过程中，每个学习者的想法都为整个学习群体所共享。交流对于推进每个学习者的学习进程，是至关重要的手段。

（4）意义建构。意义建构是教学过程的最终目标。其建构的意义是指事物的性质、规律以及事物之间的内在联系。在学习过程中帮助学生建构意义就是要帮助学生对当前学习的内容所反映事物的性质、规律以及该事物与其他事物之间的内在联系达到较深刻的理解。

（三）建构主义理论对英语教育的启示

1. 发挥学生的主体性和教师的主导性

传统的英语教学以教师为中心，教师知识的传输者，学生是被动的接受者。在教师主宰的课堂中，学生的主体性被忽略，学生的主要的任务就是被动听、做笔记，学生缺乏独立思考和判断。这样英语课堂就会变得毫无趣味性，这不能调动学生的情感因素，更不利于学生语言能力的培养。而建构主义学习理论则提倡教师指导、学生为主的学习模式，使教和学有机地整合起来。在学习过程中，学生应该认识到获取知识的过程就是“自我”对书本和教师所授知识进行理解加工，从而建构成为自己知识的过程。教师在这个过程中发挥的功能是引导者、启发者、帮助者、促进者。以建构主义为理论基础，形成多种教学模式，其中支架式教学中的“支架”就是隐喻教师的指导和帮助，通过教师的指导和帮助，把管理学习的任务逐渐由学生转移给学生，直到拆除“支架”。在支架式教学中，教师参照学生智商的最近发展区提供支架，不断把学生的致力提升到更高的水平。

2. 注重情境创设

在建构主义中，教师应创设符合学习主题要求的情境，重视“教师—学生—环境”三者之间的关系。建构主义者强调为学生创设“学用一致”的学习情境，鼓励学生面对复杂的学习环境。例如，在英语专题词汇教学中，教师如果只是孤立地教授词汇，学生并没有机会在情境中体会词汇用法，这样的课堂是枯燥无趣的，而那些词汇只是各自独立的一堆乱码。因此，教师应根据教学主题的不同创设丰富多彩的情境，让学生在情境中学，在情境中应用，这样学生才能在扩大词汇量的同时提高语言能力。

3. 注重生生、师生的协作

建构主义重视学生在教师的组织下与他人的协作交互，同时主张教师在协作交互的过程中与学生的能动交互。学习者通过合作主义信息的多向交流，使理解趋于丰富和全面，通过小组讨论、意见交流、辩论等方式解决学习问题，从不同侧面找到解决途径。在英语教学中，教师引导学生就有关“合作”这一主题的漫画进行小组讨论，集思广益，讨论后由学生陈述自己和同伴的观点，整理出一条清晰的写作思路，而后顺利成功地完成写作任务。通过这种方式既能增强学生的综合能力，又能使整个学习群体共同完成所学知识的意义建构。教师在这一过程中通过示范、讲解、提供反馈和帮助，帮助学生进行调整和反思，实现意义建构。

4. 为新旧知识搭建桥梁

在英语教育实践中，在学习定语从句的过程中，学生首先学习了关系代词的基本使用，学生对于关系副词、介词加关系代词的使用这一新知识的理解和运用都是建立在先前知识和经验即关系代词基本用法这一基础上的。教师的重要任务之一是为新旧知识搭建桥梁，帮助学生建立和激活原有认知结构，激发学生探究新知识的兴趣和欲望。

第三节　英语教育遵循的主要原则及影响因素

一、英语教育遵循的主要原则

英语教育的基本原则是对英语教学中一些核心问题的认识，也是基本观点在英语教学中全面而具体的体现。它是编选教材、运用教学方法、处理英语教学过程中各种矛盾的指针。

（一）实践性原则

学习英语的最终目的是通过英语进行交际。人们从习得母语的经验中体会到，运用母语的能力是在母语使用中习得的。离开使用母语的实践，很难谈及母语运用能力的培养，外语的学习与母语习得有其相同的地方，那就是人们应该在语言实践中学会使用语言。因此，英语教育要遵循实践性原则。遵循实践性原则要在学习英语的过程中进行大量听、说、读、写的练习活动。听、读是接收语言输入的活动形式，说、写是产生语言输出的活动。语言输入的作用在语言学习中是十分重要的，但是只有语言输入而没有语言输出的练习，那么就有可能把很多语言项目储存在大脑中，在需要时提取不出或不能正确提取。因此，学生只有通过语言输出的实践活动才能对自己的语言水平、语言能力有一个较恰当的评价和清楚的认识，才能根据自己的实际情况，改善自己的不足之处，不断地提高语言水平。但是，进行语言输出的实践活动在不同的阶段应有不同的要求和内容。根据对语言和语言学习的研究，这些实践活动在某一阶段可为形式操练，而在另一个阶段则为交际练习。前者较重视语言形式的掌握和语言准确性的控制性练习，而后者则是强调意义和语言得体性、流利性的交际活动。语言形式和意义、语言准确性和流利性是一对矛盾的两个方面。

一般而言，一定的意义要通过一定的结构去表达，如果我们对语言结构掌握得不好，在表达意义时可能就会碰到障碍。但这不等于说，结构掌握好了意思就一定能表达得清楚、得体、流利。只有语言形式控制性的操练实践而无语言得体性、流利性的实践，对培养学习者的交际能力都会造成影响。因此，在安排不同的实践活动时，人们应正确处理好它们的关系。

1. 控制性的语言活动

控制性的语言活动即非交际性的语言活动。人们可以把产生语言输出的活动分为三类：非交际性的语言活动、准交际性的语言活动和交际性的语言活动。

准交际性语言活动是介于非交际性和交际性之间的语言活动，它具有非交际性和交际性的语言活动的一些特点。一般而言，非交际性的语言活动有齐声复述、个人复述和线索反应操练三种形式，可用于操练各种语言项目。齐声复述和个人复述都是学生按教师提供的语言模式进行复述。齐声复述可以使全体学生都有实践机会，不会造成学生怯场，因此可以增强学生使用语言的信心。教师也能从学生复述的情况，大体上了解学生对某一实践项目的接受程度。但是，要了解某一学生是否掌握了练习的项目就要使用个人复述。齐声复述和个人复述是较简单的操练形式，较多的非交际性活动可以采取线索反应的操练形式。线索反应的操练是一种控制性的操练，进行操练时教师按教授的内容向学生说明练习的方法并提供做练习的线索，要求学生按要求做出正确的反应。

2. 准交际性的活动

准交际性的活动是更接近真实交际活动的练习。较常见的准交际性活动是含有信息沟的活动。在语言交际中，交际双方在信息方面存在差距，交际的一方向交际的另一方提出自己不知道又想了解的事情和信息时，交际双方便存在信息沟。一些含有信息的对话形式很像非交际性的练习，但由于对话双方存在信息沟，他们更像交际活动而非机械性的语言操练。

准交际性活动可以在各个阶段使用。例如，在练习句型“Is it a ...?”这个游戏中，练句型的学生并不知道他后面的学生拿着的那幅图画有什么图像(信息沟)，因此他要去猜那幅画的内容。如果课堂上没有图画也没有实物，教师还可用另一种方法进行此类练习，即让学生猜测教师正在想的一样东西，直到猜对。教师才说“Yes”，学生在没有猜对时，教师一直说“No”，好让学生继续猜测，这类练习可按照不同阶段和不同内容来设计。这一类型练习的书面形式多为听、写形式。学生分两人一组进行练习，练习前各人拿到印有或写有有关信息的表格，并按规定不向对方出示表格的信息，学生就需要的信息发问，并把对方的回答写在空格里。从这类练习中我们看到，要做好这类交际性的练习，学生需要使用听、说、读、写方面的能力。因此，这类练习能促进学生交际能力的培养，教师可以根据教学内容、学生的具体情况，如年龄、兴趣、知识结构等来设计适合学生使用的含有信息沟的准交际性练习。

3. 交际性的语言活动

在英语教学环境中，交际性练习多数是让学生在一定的语言交际情景中进行的语言交际活动。真实交际活动具有信息沟的存在、交际目的明确和交际时的选择性三个特征。因此，我们应该按照真实交际活动的特点衡量语言活动的真实性。例如，教师把钢笔放在桌上，大家都能看清钢笔的位置，教师如果问“Where is my pen?”就失去了语言的情景交际功能，而只能被看作一种句型操练。因为在真实的交际里，人们很少会问及一个已经知道答案的问题，这样的问题也不易激起学生的兴趣，所以教师在设计交际性活动的时候应该注意交际性练习的特点。交际性的语言活动有多种形式，如角色扮演、语言游戏、辩论等。其中，角色扮演是常用的也是在不同的阶段都可以使用的语言交际活动。

（二）语言输入原则

对语言的不同认识和理解会导致教师采用不同的方法教授和学习语言，语言输入特别是适合学习者水平的语言输入对语言习得或学习都是必不可少的。刚出生的孩子虽然有天生的学习语言的能力，但如果没有外部语言输入对他“天生”的能力加以刺激，他就不可能习得语言和学会使用语言。语言输入对语言习得的作用是极其重要的，第二语言习得中语言输入有三种观点：行为主义的观点、先天论的观点、相互作用的观点。行为主义的观点视语言为一种人类行为，并认为语言行为与其他行为一样是通过习惯养成而获得的，而习惯养成有赖于外部语言输入对学习者的刺激①。没有语言输入，便不可能有反应，语言习得也就成了无本之木。先天论的观点强调人天生固有的学习语言的能力，认为“接触语言不能对语言习得做满意的解释，语言输入仅仅是激活内在语言习得机制的触发器。”② 但如果没有语言输入，语言习得机制不能激活，语言习得在语言学习中是不可缺少的。相互作用的观点认为，语言习得是学习者心理能力与语言环境相互作用的结果。语言学习者的语言习得机制作用于并受制于语言输入。由此看来，在第二语言习得或英语学习的过程中，语言输入起着十分重要的作用。

虽然英语学习的成功与语言输入的量是紧密相关的，但在注意提供尽可能多语言输入量的同时，我们应注意语言输入的质的方面。语言输入的内容应为学习者所理解或适合学习者的水平。适合学习者水平的语言输入应是比学习者语言水平稍高一点的语言材料，学习者可以通过上下文的线索，运用自己已经掌握的语言知识和头脑中有关外部世界的知识对语言材料进行理解。语言材料太难或太容易都不利于学习者更有效地学习英语。

因此，英语教师应该向学习者提供尽可能多的、适合他们水平的语言输入。从获取语言输入的环境来分，语言输入可分为课内的语言输入和课外的语言输入；从语言输入的形式来分，语言输入有声音输入和文字输入两种形式。在我国，在课堂上获取语言输入是学习英语的主要途径，教师向学生提供声音和文字等形式的语言输入，并且主要是声音形式的语言输入。教师可以用简单地道的英语组织教学、控制教学活动、布置课外作业等，还可以用学过的简单英语讲授课文、解释词汇和进行语言结构操练。例如，教师可以用简单的语言组织课文内容问答，注意课文中的生词和词组，帮助学生理解和记忆新的语言项目和课文内容；用学过的词汇解释新出现的单词，如“unhappy means sad”等。如果课内的语言输入主要是由教师在教学中提供的话，课外的语言输入则可以由教师指定，通过学生的努力去获取。课外的语言输入与课内的语言输入一样，可以是有声的也可以是文字的。教师可以安排、布置学生听合适的录音、看合适的录像，也可以布置学生阅读英语小故事、英国文学作品简写本和难度不大的短剧、诗歌，其他形式的课外活动和游戏也可以提供语言输入。

① 肖靓. 三结合英语教学模式的实践与研究［M］. 北京：北京理工大学出版社，2017：85.

② 张哲华. 实用中小学英语教学法教程［M］. 成都：西南交通大学出版社，2018：253.

二、英语教育的影响因素

（一）教师

教师是英语教育中的重要因素，在英语教育中起着主导作用。在英语课堂上，教师主要充当两种角色，即掌控者和引导者。作为一名合格的英语教师，首先应该具有纯正的发音。然而并非所有的英语语教师都具有纯正的发音，所以教师可借助广播以及多媒体等手段来弥补自己的不足，确保学生在课堂上所听的语言都是纯正的。同时，教师在讲解单词、句子、课文时应该穿插一些解释，对难懂的词语要不断重复。

在多数英语课堂上。教师的讲话占据课堂时间的大部分，不可否认，教师的讲话有利于学生的语言习得，但也不能因此牺牲掉学生的练习时间。同时教师还要注意不断变化教学的形式，以增强课堂的趣味性。一个合格的英语教师还应具有一定的应变能力，能预测课堂活动中出现的状况，能很好地处理课堂上的突发事件，确保课堂活动的有序开展。在传统的教学中。教师角色主要是知识的传授者、教学的主宰者。但是随着教学理念的改变，教师的角色已经发生了改变。现代的英语教学中的教师主要扮演着以下角色。

(1) 知识的传授者。教师作为知识的传授者，主要是指教师扮演着知识的传递者和信息源的角色。在英语教学中，教师不但要传授知识、传授学习策略和方法，还要传授做人的道理。

(2) 资源的提供者。教师是活动的资源中心，可以向学生提供教学活动所需要的背景知识、答案、范例、机会等，时时刻刻准备着帮助学生，帮助学生取得更大进步，促进学生身心健康和全面发展。

(3) 活动的组织者。教学活动的成功与否主要在于组织。教师作为活动的组织者，主要是使学生明白自己要干什么，为此，教师要把教学任务清楚地告诉学生，使学生明白自己的活动任务，以及如何开展活动，活动结束后如何组织评价反馈等。

(4) 活动的促进者。这主要是指当学生在发言、回答问题、完成任务等学习过程中遇到困难时，教师应提供有帮助的信息，或提示新旧知识之间的联系线索，使学生把当前学习内容与已掌握的知识经验联系起来，帮助学生构建新的知识经验体系。

(5) 活动的参与者。教师在组织学生执行课堂活动时，要把自己当成学生中的一员，参与到他们的活动中，这样既可以增进课堂气氛，增进师生感情，又可以帮助学生解决难题，还可以从学生那里学到很多自己意想不到的好注意，从而促进英语教学质量的提高。

（6）行为的评价者。这主要是指教师要纠正学生所犯的错误，并组织反馈。教师纠正错误的方式应该是温和的，切忌小题大做；而组织反馈是评价学生行为的有效方式，可以以此判断出学生是否掌握了英语学习的方法。

（二）学生

学生是课堂学习的主体，由此可知学生能够作为学习的主体，是因为他们具有一定的认识和实践能力。在英语教学中，教师要教会学生通过感官获取来自教材的各种信息，并学会对这些信息进行比较、分析、综合、概括，进行去粗取精、去伪存真、由此及彼、由表及里的思考，抓住事物的本质，发现事物内在的联系，从而归纳出事物的规律，确立科学的知识系统。经过这一过程之后，学生不仅学到了英语知识，培养了英语交际能力，而且在学习过程中培养出独立自主的学习能力，学会独立解决新问题。可见。学生学习的过程，就是不断主动丰富自己的主观世界、不断完善自己的内化过程。教师在教学的过程中需要注意学生这一角色的特殊性以及不同学生身上所具有的个体差异性。

1. 学生的角色

英语教学应面向全体学生，为学生全面和终身发展奠定基础，以学生学习方式为核心，强调对学生学习愿望、学习习惯和学习能力的培养，倡导学生培养积极主动的学习方式，关注学生自我评价、评价激励、反馈和调整功能。教学中学生所扮演的角色主要有如下几个。

（1）主人。学生是学习的主体，也是教学活动的主体。学生对知识的探索、发现、吸收和内化等实践，不仅有助于学生逐步构建自己的知识体系，而且有助于学生形成科学的世界观、人生观和价值观。

（2）参与者。教师在英语教学中应激发学生的学习兴趣，激发学生的参与积极性，让学生乐在其中。在学习过程中学生应充分思考、积极参与、表达观点、展示个人才能，并保持浓厚的学习热情。

（3）合作者。英语学习是在师生、生生之间进行的，学习过程也是团队合作的过程。学生在学习中互相学习，彼此促进，共同提高。协商与互助使每个人都能感受到集体的力量和团队合作的精神。

（4）反馈者。在英语教学中，学生会根据自身的学习经历以及教学法的适用性向教师提出建议，协助教师就相关问题改进和完善教学内容和教学方法，以此促进英语教学。

2. 学生的个体差异

教育的根本目的在于培养人，这就要求教育者必须掌握学生生理、心理发展的规律和个体差异。学生的个体差异，尤其是学习动机、学习态度以及自身性格等方面的差异，使他们理解和掌握新知识的速度和程度不同。根据学生的个体差异制订教学计划，选择适合的教学材料和方法。具有重要的教学实践意义。

（1）学生的学习潜能

学习潜能属于英语学习认知层面的因素，是一种能力的倾向。实际上，学习潜能就是说学生是否具备英语学习的天赋般来讲，要想努力提高学生的英语素质，就需要培养学生的综合能力，而学习潜能恰好能测试学生的英语学习水平。学习潜在能力应主要包含以下四个层面：其一是否具备对语音的编码与解码能力。其二是否具备对语言学习的归纳能力。其三是否具有对语法习得的敏感性。其四是否具备联想记忆能力。

在这四项听力习得能力中，语音编码实际是属于语言的输入，而语音解码属于语言的输出；语言学习的归纳能力是学习者能否对语言相关材料进行组织和操作；语法的敏感性是能否根据语言材料来推断语言规则的能力；联想记忆能力是指学习者能否对新材料进行吸收和同化。

不同的学生，其学习潜能也存在明显的差异，因此在英语教学中，教师应该从学生自身的实际出发，制订符合学生的教学策略，从而努力提高教师的教学水平与学生的学习水平。

（2）学生的智力水平

与学习潜能一样，智力也属于人认知层面的能力。所谓智力，是指具备高度的观察力、想象力、记忆力及逻辑思维能力的综合，对于进行抽象思维、习得语言、解决问题有重要意义。而智力水平是学生本身智力所能达到的程度，它对于英语教学也有着深远的影响。

一般情况下，如果学生本身的智力水平较低，那么就需要教师对其进行耐心的指导，还需要学生反复地加以训练，才能建设一套自己的英语学习技巧，提升自己的英语水平。但是很明显，这种英语教学方式缺乏一定的变通性和灵活性，因为一旦学习环境等发生改变，学生就很难运用已经掌握的学习策略来解决实际的问题。

如果学生本身的智力水平一般。那么他们只要经过了教师的相关指导，再加上自己有针对性的训练。那么就会逐步形成适合自身的学习策略，掌握英语学习技巧。如果学生本身的智力水平较高，他们自身就具备较高的英语学习能力，本身就可以根据课堂讲解的内容与自身的经验相结合。创造出适合自己的英语学习技巧。总之。在英语教学中，教师对学生的智力水平情况有一个清晰的把握，有助于运用恰当的方法传授给学生英语学习的策略和技巧。同样，学生自身对自己智力水平有明确的了解也有助于自身英语学习方法的形成。并将这些方法灵活地运用到实际情况中，顺利地进行交际。

（3）学生的学习风格

学习风格是学习者能力的偏好形式：是个人经验与环境相互交织的结果；在一定条件下可发生改变；具有独特性、稳定性、一致性；风格种类多样，无优劣好坏。学习风格种类多样。一般来说，它可以按照感知方式、认知方式来划分。

①按照感知方式来分

学习者在学习过程中必然会运用到感知方式，而不同的学习者，其自身的感知偏好不同。因此，按照感知方式的不同，学习风格可以分为听觉型、视觉型及动觉型三类。听觉型是学习者运用耳朵学习的一种学习风格。通过听，学习者可以了解更多信息，因此对于教师的口头教学与听力教学有着重大意义。这一类型的学习者往往习惯于教师的口头传授，但不擅长书面表达。视觉型是学习者运用眼睛学习的一种学习风格。通过看，学习者就可以获取重要信息。视觉材料具有直观性，并可以在学习者的头脑中形成清晰的视觉形象。这一类型的学习者往往习惯于教师利用板书或者多媒体工具展开教学，而不习惯口头传授的形式。动觉型是学习者通过实践学习的一种学习风格。通过实践，学习者可以获取新的知识和信息。换句话说，这类学习者习惯于挑战性的活动，并愿意去执行计划，在亲身的实践中他们体会到无比的快乐。

②按照认知方式来分

认知方式是人们分析、组织、学习新信息、新经验的方式。不同学习者，其认知方式和思维方式必然存在明显差异。根据认知方式的不同。学习风格可以分为场依赖型与场独立型、整体型与细节型、左脑主导型与右脑主导型。以学习者对自身情况是否依赖划分为场依赖型与场独立型。两者其实属于截然不同的信息处理倾向。其中前者的学习者一般容易受外界干扰，需要依靠教师或者其他同学的帮助，习惯于从整体上进行思考，但不善于独立的思考和解决问题；后者的学习者一般不容易受外界干扰，也不需要教师和他人的帮助，习惯于从细节上进行思考，对遇到的问题善于独立地思考和解决。但是不得不说，大多数的学习者都是介于这二者之间的。以学习者接收信息的方式划分为整体型与细节型。其中前者的学习者善于从全面、整体的角度来解决问题，具有较高的直觉性和模糊性，但准确性与深刻性较低。当这类学习者遇到困难时，他们往往寻求他人的帮助。后者的学习者善于对具体信息的把握和记忆，从细节上着手分析和思考，以精细的形式对具体信息进行理解。这类学习者习惯将遇到的问题切分成细节来加以理解，且善于发现不同实体间的差异性。以学习者处理左右脑信息的强弱划分为左脑主导型与右脑主导型。其中前者的学习者对信息的细节更加关注。擅长逻辑性分析，并能够取得较好的学习效果；后者的学习者习惯抓主旨大意，对自己的直觉十分确信，且具有很强的灵活性。

总之，学习风格对于英语教学及学习都有着重要的影响。对于教师而言，他们应该了解学生的学习风格。只有这样才能对学生进行正确的指导。具体来说，可以帮助学生了解自身优势，形成全面、系统的学习风格；可以帮助学生判断自身的学习策略，确定这些策略是否具有合理性；可以在教学组织和教学安排中，兼顾每一位学生的需求，从而有效激励学生进行自主学习。

对于学生而言，如果他们能够对自身的学习风格有一个清晰的了解，那么有助于他们找到适合自己的英语学习策略，不仅更关注自己的学习进程，找到进程中存在什么缺陷；还能更加主动观察他人的学习策略。逐步拓宽自己的学习路径。

（4）学生的学习动机

学习动机就是通过激发学习者的学习活动，使学习者朝着既定的目标或方向努力的一种心理状态，它直接推动学习者不断培养自身学习方法，提升自身的英语水平。以下介绍两种常见的划分法。

①深层动机与表层动机

根据刺激—反应理论，文秋芳把学习动机划分为深层动机与表层动机两大类。前者指的是学生为了满足自己的兴趣、增加知识等深层次的非物质层面的需要而刺激产生的动力；后者指的是为了获得高薪金、文凭、好的工作等表面物质层面的需要而刺激产生的动力。

学生的学习动机不同，他们的学习目标也不一样。深层动机的学生往往是为了提高自身的语言知识，因此他们对英语有着较高的要求，英语学习的热情也非常饱满，采用的学习策略也更加全面、合理。表层动机的学习者一般时间有限，随着刺激的停止，动机也就相应停止了。而且，该类型的学生一般较为懒惰，对英语学习的要求并不高。

②内在动机与外在动机

著名学者德西（Deci）将学习动机分为内在动机和外在动机两大类。前者指的是英语学习本身激发了学习者对英语学习的兴趣，使学生能够保持英语学习的独立性：后者指的是受外在因素的影响，使学生不得不学习英语。

一般来说，内在动机的学生往往不会受外界的干扰，且其主要涉及两个层面：一是英语本身所存在的趣味性；二是学生对英语学习的态度。外在动机学生往往主要是为了应对外界的刺激和压力，有着较大的强迫性。

学习动机对于英语教学和学习也有着重要影响。如果某位学生的学习动机较为强烈，那么就说明他们有着明确的学习目标，对英语学习也有着强大的积极性。相反，如果某位学生的学习动机较弱，那么他们在学习上就没有太大的积极性，也不会收到好的学习效果。可见，学习动机是影响学生英语学习的关键。

（三）教学内容

教学内容是指在教学活动中为实现教学目标，师生共同作用的知识、思想、观点、概念、原理、事实、技能、技巧、问题、行为习惯的总和。教学内容是学生认识和掌握的主要对象，是教师和学生进行教学活动的重要依据。没有教学内容，教学活动就无法进行。教育者根据教育目标选择并确定教学内容，研制课程计划、课程标准，编制教科书，在教学过程中发挥师生的主动性，活化教学内容并使学生有效掌握，这是保证高质量人才培养的重要前提。可见，教学内容也是影响英语教育效果的重要因素。归纳起来，英语教育的内容主要包括以下几个方面。

1. 语言知识

语言知识是综合英语运用能力的有机组成部分，也是语言学习和语言运用的重要内容之一。没有扎实的语言知识作为基础。就不可能掌握较强的语言能力。

例如，英语教育阶段的学生应该学习和掌握的英语基础知识包括语音、词汇、语法、功能和话题等内容。这五个方面的内容密切联系、不可分割。语音、词汇和语法（语言形式）体现在一定的话题中。学生在运用语言时，除了要具有话题知识，还应掌握语言形式在一定话题中所具有的功能。只有当他们既掌握语音、词汇和语法，又具备语言功能和话题方面的知识时才能正确、得体地运用语言进行交流和沟通。

2. 语言技能

学生在学习和运用语言时必备的四项基本语言技能是听、说、读、写，这四项基本语言技能是学生形成综合语言运用能力的重要基础和重要手段。英语教学内容必须包括听、说、读、写四个方面的语言技能及其综合运用能力，为学生提供体验语言的机会和感知语言的机会，促进学生更加熟练地掌握语言知识。在这四项基本技能中，听是分辨、理解话语的能力；说是运用口语表达思想的能力，同时也是运用口语输出信息的能力；读是辨认、理解书面语言的能力；写则是运用书面语表达思想的能力，同时也是运用书面语输出信息的能力。通过大量听、说、读、写的专项和综合性语言实践活动，学生可以形成这四种技能的综合运用能力。为真实的语言交际奠定基础。

3. 学习策略

学习策略指学生为有效地学习和发展而采取的各种行动和步骤。英语的学习策略包括认知策略、调控策略、交际策略和资源策略等。学习和培养正确的学习策略有助于提高学生学习英语的效率和效果，也有助于学生学会独立学习和自主学习，为学生的终身学习奠定基础。使用有效的英语学习策略，可以改进英语学习方式，提升英语学习效果，减少学习潜能偏低或智力发育迟滞学生的学习困难。教师在英语教学中要有意识地帮助学生形成适合自己的学习策略，对自己的学习过程、学习效果进行监控和反思，培养学生根据学习风格不断调整学习策略的能力。并引导学生学会观察他人的学习策略，同时通过与他人交流学习体会，尝试不同的学习策略。

（四）环境

1. 社会环境

随着我国经济的快速发展，国力的迅速增强。中华传统文明和优秀文化也受到越来越多的外国友人的青睐。社会交往让对于具有英语语言能力的人才的需求量越来越大。越来越多的中国人和中国企业走出国门，于是越来越多的人重视英语的学习。可以说，大学英语四、六级就是在这种时代背景下被重视起来，并对英语教学和学习起到了一定的反拨作用。

2. 学校环境

（1）教学设备。教学设备是学校教学的重要组成部分，学校教学设备包括很多方面，教室、图书馆、实验楼、办公楼、宿舍等都属于学校的教学设备；教学设备的完善程度直接影响着英语教学活动的开展。好的教学设施，如教学楼以及图书馆等都有助于增强学生的学习意识。一些语音教室和多媒体设备可以为学生的英语口语学习提供必要的技术支持，学生可以通过语音教室等提高自己的口语水平，这些设施也在一定程度上缓解了学生的学习疲劳。有助于激发其英语学习兴趣。总之，这些现代化的教学设备为英语教学提供了很好的环境。

（2）教学信息。现代化的教学设施不仅可以为学生提供一些学习的工具，还可以拓宽学生的信息渠道。学生的英语知识不仅可以通过教材和课本获得，还可以通过互联网等来获取。英语学习需要实践，只在课本中学习英语是不可能从根本上提高学生的英语水平，因此现代网络技术为英语学习提供了很好的信息来源，使学生能够通过互联网等与英语世界进行交流与学习。

第二章　自主学习视角下的英语教育模式

在当今这个知识爆炸的时代，科技发展日新月异，知识更新速度加快，各种新知识、新事物层出不穷，这时是否具备自主学习能力关系到个人的生存和发展。叶圣陶先生曾经指出："教育的最终目的在于学生自学自励。"① 教育的目的就是要培养终生爱好学习的自主学习者，英语教育也不例外。本章首先分析了自主学习的相关基础知识，接着分析了影响自主学习的因素以及英语自主学习的教育策略，最后分析了英语自主学习教育模式的构建。

第一节　自主学习解读

一、自主学习的内涵

自主学习这一概念首先是利特尔（Little）提出的。利特尔认为学习者自主性是学习者对于学习过程和学习内容的一种心理反应，它具有自己会看情况、明辨是非、做出决定和独立活动的能力而体现在各种行为之中②。自主学习被看作是学习者能对学习进行控制的能力，其体现一种超然、批判性反思、决策和独立行动的能力，这种能力的产生要求教育工作者转变角色，把更多的课程控制权和决策权授予学习者。自主学习要求学习者具备三方面的能力：自我管理、自我检查和自我评估。关于自主学习，不同学派的学者提出不同见解，其中迪金森（Dickinson）认为，学习的自主性是指学习者在学习过程中

① 温寒江．突破传统教学体制　北京市朝阳区实验小学数字化教学实验与学生思维发展十年探索［M］．北京：教育科学出版社，2016：78．

② 刘燕萍．基于建构理论的信息感悟能力的培养［J］．现代情报，2006（4）．

负责有关学习的所有决策并实施这些决策①。国内外也有很多研究者从不同的视角对自主学习下过定义，这里不再赘述。

总之，所谓“自主学习”，它是从学习的内在品质而言的，相对的是“被动学习”“机械学习”和“他主学习”。实际上，“自主学习”是指较少依赖别人的帮助而自己可以进行有效的学习。它是一种综合性的能力，主要包含如下几个因素：学习积极性；独立学习的方法和技能（包括善于搜集资料、分析、记录和整理资料）；独立学习的习惯；进行小型而又简易的探究性、验证性实验能力。这里所说的自主学习是指在教学条件下的学生的高品质的学习。所有能有效地促进学生发展的学习都一定是自主学习，而真正的合作学习和探究学习一定是自主学习，然而“自主学习”并没有现成的经验和既定模式，它需要在不断探索中慢慢渗透，逐渐形成。自主学习一词具有两个方面的含义：

第一，学习者自身的主体性和自律性，即学习者只有对某项事物具有内在的探求动力、进行充分的感情投入、参与积极的情境体验，才有可能真正理解与掌握该项事物的规律。也就是说，学习者需要自主地确定自身的学习目标、自主地选择合适的材料、自主地进行过程评价、自主地进行观察、思考、想象、创造等一系列活动，才有可能驾驭学习过程，成为学习过程的主人。

在教育活动中，教师应充分认识和适应受教育者的特性，促进其对社会、家庭、个人等责任感的提升，使其能够更加积极主动地参与到学习过程，增强其发现问题、提出问题和解决问题的能力。这就对开放教育的师生关系提出了新的要求：即教师由一个“知识传授者”转变为个“助学者”“导学者”以及一个共同学习者，教师在与学习者的相互交流中自身也获得一定的提高。

第二，学习者的依赖性和互动性。自主学习不是完全不受干扰、自我封闭、自发的学习过程，而是和其他各种学习方式一样，其时刻与周围的环境发生联系，这些环境包括师长、同伴、家人、朋友、学习环境等，整个学习过程在与环境的相互依存和相互影响过程中发生着变化和不断调整。对于教育机构与教育者而言，正是基于学习者这种对环境的依赖性和与环境的互动性，其才有可能对学习者进行一定程度的干预，促使其最终具有学习能力和创新能力。与此同时，学习者也根据环境要求和环境所提供的条件进行自我调控。

由此可见，在学习者的学习过程中，教师既要充分激发其自身的内在动力，又要尽力营造一个良好的外部环境，只有内外动因相互结合，才能促进学习者自主学习能力的提升。

---

① 钟晓红，马菡. 新世纪大学英语教学探索［M］. 成都：四川大学出版社，2015：39.

二、自主学习的特征

（一）自主性

1. 自主计划

自主计划是在学习之前发生，并为接下来的学习活动所做的准备工作。在这个阶段，学习者需要了解学习内容并选择学习策略。具体而言，自主计划包括先行组织、集中注意力、选择注意和自我管理。其中，先行组织是指在自己原有知识的基础上预习即将要学习的新资料，了解大意和相关概念；集中注意是指始终将注意力集中在所要学习的资料上；选择注意是指注意学习过程中的特定方面而忽视其他方面；自我管理是指创造条件促使学习任务的完成。

2. 自主监控

自主监控，即对整个学习过程的检查、调整和确认。这既包括监控自己听到的、看到的、理解到的知识信息，也包括对学习计划、学习方法和策略的监控。对学习计划的监控是指监控计划的科学性以及时间分配的合理性；对学习方法和策略的监控就涉及方法、策略的选择是否恰当等。

3. 自主评价

自主评价发生在学习活动的最后阶段，它是对自己学习任务的完成情况进行的分析、判断。它包括对计划和时间分配的合理性、知识信息的获得、策略的运用等进行评价。自主评价有利于学习者反思学习过程中遇到的问题，总结经验教训，以便对下一次的学习进行指导。

（二）能动性

自主学习要求学习者自觉从事学习活动、自我调控学习，其基本的要求是主体能动性。与各种形式的他主学习不同，自主学习不是指学生在外界的各种压力和要求下被动地从事学习活动，或需要外界来管理自己的学习活动，而是指学生积极、主动、自觉地从事和管理自己的学习活动。

（三）创造性

在自主学习中，每个学生都是独特的自我，个性特征鲜明。在这种教学方式中，教师注重对学习方法的传授，提纲挈领地向学生介绍学习内容，培养学生主动学习、创新学习的精神，引导学生在学习中主动进行探索，善于发现。学生的学习目的不是简单地复制学习内容，而是创造性地激活已有的知识体系和创新的知识体系之间的链接并进一步完成知识的再创造；学生也不再简单地复制学习过程，而是在管理自己学习的过程中，不断地反思、改进学习方法，进行创造性的学习，创造性地解决问题，从而掌握学习技能，发展个人能力。

第二节 影响自主学习的因素

一、影响自主学习的内在因素

（一）智力因素

智力因素是自主学习的基础。所谓智力，指的是掌握和使用各种学习技巧的能力。这里探究的智力因素主要是指语能，即语言智商。智力是个体一般性的学习能力、理解能力和推理能力，而语能作为智力的重要组成部分，是个体特殊的语言认知能力。语言的认知能力可以归纳为以下几种。

（1）语音的编码能力。语音的编码能力能够帮助学习者辨别不同的语音，形成语音和符号之间的联系，并进行记忆。

（2）语法的敏感能力。语法的敏感能力能够帮助学习者辨认出词在句子中的语法功能。

（3）语言学习的归纳能力。归纳能力能够使学习者通过例句推测和归纳语言规则。

（4）语言的记忆能力。记忆能力能够使学习者快速且有效地形成文字与意义之间的练习，并加以记忆。

（二）非智力因素

1. 学习态度

学习态度是指学生对自己在学习中应承担的责任持一种什么样的认识，以及对自己的学习能力如何评价。通常情况下，学习态度可以分为以下几类。

（1）对目的语社区和说目的语的人群的态度。

（2）对待学习目的语的态度。

（3）对待语言以及语言学习的总体态度。

按照自主学习的本质要求，学生应该采取一种积极的态度对待自己的学习。也就是说，学生要对自己的学习过程及成果负责，积极地投身到学习中去。实践表明，学生要想提高学习效率，就必须对自己的学习负责。

一般来说，具有积极学习态度的学生具有较大的学习动机，他们的求知欲一般都比较强烈，学习效果更加显著；而学习态度不好的学生往往学习动机也不强，遇到一点困难就会产生厌烦心理，对学习失去信心，学习成绩始终得不到提高。

由此可以看出，不改变学生的学习态度就难以提高其学习动机，更难以提升其学习成绩。教师必须帮助学生摒弃消极的学习态度，使学生怀着一种积极的心态去对待学习，在遇到学习上的困难时不气馁，以正确的、积极的心态去解决问题，当自己的学习成绩不理想时，应积极寻找自身原因，努力弥补自己的不足，而不是归咎于外界因素。

2. 学习动机

动机是指由特定需要引起的，欲满足各种需要的特殊心理状态和意愿。美国心理学家奥苏贝尔（Ausubel）提出了构成动机的六种需要：（1）探究需要；（2）操纵环境及改变环境的需要；（3）从事脑力劳动和体力劳动的需要；（4）受环境、他人观点、想法和感情刺激的需要；（5）对知识的需要；（6）增强自我的需要①。

到目前为止，被语言学者普遍接受的动机分类方式是把动机划分为两大类：融合型动机和工具型动机。所谓融合型动机，即学习者对目的语群体有所了解或有特殊的兴趣，希望与之交流或亲近，最终成为其中一员；工具型动机是指学习者的目的在于获得经济实惠或其他好处。受不同动机的驱使，学习者的学习目标和学习兴趣会有所不同，并且这些特定的学习目的和兴趣会在不同程度上影响学习者学习英语的方法及效果。

语言学习动机是影响语言学习的最重要因素，也是影响学生自主学习的一个很重要的因素，它与学习者的学习成绩有密切的关系。学习动机是一个教育心理学概念，是指激发学生获得知识的内在动力和欲望。研究发现，学习者学习英语的动机各不相同：有的是因为职业的需要，有的是为了在学英语的环境中学习深造，有的只是为了应付考试，有的是为了出国旅游。动机对一个语言学习者的影响是很大的，是促进自主学习的重要因素。只有当学生有了学习动机，才会去主动制订学习计划，主动思考应该学什么，如何去学习以达到自己的目标。只有具备了这些条件，学生在遇到困难时才不会退缩，才会迎难而上，才会想方设法解决问题，进而主动而积极地寻求知识。

学习动机是培养自主学习的前提条件。如果缺少学习动机，就会妨碍和阻

① 罗俊，李树枝，侯丽梅. 基于高效课堂视角下的英语教学研究［M］. 青岛：中国海洋大学出版社，2018：177.

止自主学习的实施。受不同动机的驱使，学习者的学习兴趣和学习目标可能各不相同。这些特定的学习兴趣和学习目标将会在不同程度上影响学习者学习英语的效果。因此，学习者要培养正确的学习动机，变被动学习为主动学习，提高学习效率。

3. 自我效能感

自我效能感是指个体对自己是否有能力完成某一行为所进行的推测与判断。自我效能感是由美国著名心理学家、社会学习理论的创始人班杜拉（Bandura）最早提出来的。班杜拉认为，人们对自身能力的判断在其自我调节系统中起着至关重要的作用，并提出了自我效能感的概念①。自我效能感是影响自主学习的一个重要动机性因素，具体体现为以下几个方面。

（1）对学生选择学习任务有较大影响。学生在自由选择的情境中往往会倾向于选择那些自认为能够完成的学习任务，而回避那些自认为难以完成的任务。自我效能水平高的学生会选择适合自己能力水平且具有挑战性的学习目标，他们坚信只要坚持，就一定能达到目标。

（2）对学生学习目标的设定有较大影响。自我效能感高的学生，他们习惯于为自己确定更高的学习目标，并愿意通过独立学习实现自己的预定目标，证实自己的学习能力。通过学习目标的设定，学生制定了学习活动想要达到的标准，为自主学习导航，也为自己监控学习过程和自己评价学习结果提供了重要依据。自主学习者可以根据标准为自己的学习做出合理的分析和判断，并对自己的学习进行适当的调节。

（3）影响学生为某项学习任务所付出的努力、遇到问题时能够坚持的时间和面临复杂情境时的适应能力。学生的自我效能感越强，其在学习上就会越努力，坚持的时间就越长，适应能力也就越强。也就是说，自我效能感强的学生，对学习的自我调节能力一般都很强，有着很强的自信心，能够情绪饱满地进行学习，敢于面对各种困难并付出努力，从而保证自主学习健康有序地展开，顺利实现预期的目标。相反，自我效能水平低的学生，对学习的自我调节能力相对较弱，他们通常缺乏自信，畏惧学习，不愿意在学习上付出过多的努力，显然不会有好的学习效果。

（4）对学生从事某项学习任务时所体验到的紧张和焦虑有一定影响。自我效能感高的学生，在从事学习任务时通常能保持冷静、沉着的态度，能够更多地关注学习中的问题，有利于学习成绩的提高。

---

① 罗俊，李树枝，侯丽梅. 基于高效课堂视角下的英语教学研究［M］. 青岛：中国海洋大学出版社，2018：177.

（5）对学生自主学习策略的运用产生影响。自我效能感较高的学生可以有效地监控自己的学习时间，运用更多的认知和元认知策略，面临困难时能持之以恒并会更努力，其自我评价也会进一步提高。

具有不同自我效能感的学生的学习特征有着明显的差异，学生的学习自我效能感对其学习成绩也会产生较大的影响。此外，学生的实际学习成绩的变化可以归因于自我效能感。由此可见，自我效能感对自主学习有着至关重要的影响。

教师在英语教育中应该着重培养学生的自我效能感。具体方法可以采用以下几个。

①成功体验。教师要让学生在语言学习过程中获得首次成功，并努力为每个学生创造成功的机会。不断的成功会增强学习者的成就感，从而逐步形成稳定有效的自我效能感。

②言语劝说。教师可以通过一些途径，如一课的前言，发挥言语劝说的作用，鼓励学生行为，这样学生的自我效能感就会不断提高。

③外部强化。在学生在学习过程中，教师应及时给予有效的反馈，多给予表扬、鼓励等正面强化，以维护和增强学生的自我效能感。

④替代性经验。教师应让学生观察能力水平相当者的活动，从而对自己的能力做出间接的评估。替代性经验是一种间接经验，它使观察者相信，当自己处于类似的活动情景时，也能获得同样的成就水平。

4. 学习能力

学习者在英语学习的过程中，不仅要具有正确的学习态度和为他们的学习承担更多责任的意识，而且还要有自主学习的能力。许多学生虽然愿意为自己的英语学习负责，但是他们可能由于缺乏自主学习的能力而不能真正地实施自主学习。由此可见，学习能力是影响自主学习的又一重要因素。

一般而言，在学习英语的过程中，学习者应至少具备以下几个方面的能力。

（1）制定学习目标并在必要的情况下调整学习目标的能力。

（2）判断学习材料、学习活动是否符合学习目标的能力。

（3）选择学习材料、学习内容的能力。

（4）选择学习活动方式或自我设计学习活动方式并执行学习活动的能力。

（5）与教师或同学进行协商的能力。

（6）监控学习活动实施情况的能力。

（7）调整态度、动机等情感因素的能力。

（8）评估学习结果的能力。

不同学生的学习能力有很大的差异。个体之间不仅学习速度有差异，其对语言技能的掌握也不平衡。忽略学生学习能力的差异性，采取统一的教材、教法并以同样的要求对待学生的语言能力，会挫伤学生学习的积极性、主动性，会导致学生学习效率的低下。

5. 学习风格

学习风格是由美国著名学者赫伯特·泰伦（Herbert Thelen）于1954年首次提出的。一直以来，学习风格都是二语习得、教学心理学等学科共同关注和探讨的一个重要课题。尽管不同学者对学习风格的定义各不相同，但它们在本质上存在着某些共同点。

（1）学习风格是在长期学习过程中逐渐形成的，是具有鲜明个性的行为。

（2）学习风格的实质是学习者喜欢的或经常使用的学习策略、方式或倾向。

（3）学习风格常常受到社会、家庭、学校教育方式的影响。

在实践中，不同的学生有着不同的学习风格，他们解决问题所采用的方法和策略也有所差异。有些学生属于冲动型，有些则属于思考型，有些学生属于视觉型，有些属于听觉型；有些学生在其学习过程中必须伴有特别的动作，否则学习效果不佳，如在教室内来回走动、摆动手指；有些学生在学习新知识时习惯于朗读并反复练习直至掌握为止。总之，学生们的学习风格是千姿百态的，并且各个学习风格之间不是相互孤立存在的，而是存在着不同程度的联系。

如果允许学习者采用自己喜欢的方式去学习，便能促进其自主学习能力的发展。因此，教师应学会接纳各种不同的学习风格，而不应有所偏好，更不能褒扬某种学习风格而排斥其他学习风格。另外，当学生在对自己学习风格的特点有所了解之后，就能够有意识地选择适合自己的学习环境与学习方法，以便发挥自己的优势，克服自己的劣势，从而提高学习效果和学习效率，更好地进行自主学习。因此，在教育过程中，教师必须考虑学习风格这一因素，设法营造一个宽松的自主学习环境和氛围。

6. 学习策略

学习策略是影响学生自主学习因素中最为复杂的一个。通常学习策略是指学习者用来获取知识的具体技巧和手段。尽管学者们对学习策略的定义尚未实现统一，但他们在某些方面已达成共识：学习策略既包括学习者的外部行为，也包括学习者内在的心理活动；学习策略是灵活的、不断变化的，并且它能够通过学习实践获得。

在学生的学习中，学习策略对学生学习过程的理解和掌握是十分有利的，它可以减少习得者在学习中常出现的困惑和焦虑的情绪，使学生保持它们的学习热情和动力，或者改善学习态度，提高学习动力，最终促进自主学习的顺利开展。现代认知心理学一般将学习策略分为认知策略和元认知策略两种。

（1）认知策略

认知策略一般指个体对外部信息的加工的方法，是个体为了提高自己的认知操作水平而采用的各种程序和方法。它又可以进一步分为以下两种。

①一般性认知策略。一般性认知策略适合于任何学科的学习，如做笔记、复述、背诵、画重点、列提纲、做小结、画示意图。

②具体性认知策略。具体性认知策略适用于特定的学习内容，如猜测法适用于阅读理解，首字母法适用于记忆英语专有名词。学生在进行英语自主学习时，既需要一般性的认知策略，也需要具体的认知策略。

（2）元认知策略

在自主学习过程中，学生只知道认知策略是不够的，还要能够根据不同的学习任务选用最合适的策略，这就涉及元认知策略的问题。元认知策略关系到个体如何选择、应用和监控其所建构的认知策略，主要包括自我指导策略、自我监控策略、自我评价策略等。

既然自主学习同时受认知策略和元认知策略的影响，那么教师不仅要让学生掌握大量的认知策略，使学生明确认知策略使用的条件，激发学生运用策略的动机，还要训练学生对认知策略的实际运用，使他们清楚自己所使用的策略后，主动尝试其他策略，以便选择最适合的学习策略。

7. 性格

学习者的性格也是影响学生自主学习的非智力因素之一。这个领域主要研究的是外向性格、内向性格与外语学习的关系。事实上，大多数学习者的成绩都与他们的性格息息相关。但是，极端外向或内向型的人是极少数的，多数人处于二者之间。

从心理学角度上讲，性格分为外向型和内向型两种。人们普遍认为，外向型性格的学生由于练习外语的机会多，其学习成绩要优于内向性格的学生。然而，事实并非如此。这是因为，不同性格的学生对处理不同的学习任务运用了不同的策略。性格外向的学习者健谈并善于反应，有利于其获得更多的输入和实践的机会，但他们往往不十分注重语言的形式；而性格内向的学生可能更善于利用其沉静的性格对有限的输入进行更加深入、细致的形式分析，特别在注重语言形式和语言规则教学的课堂教学环境下占有优势。

二、影响自主学习的外在因素

（一）教师

教师是影响学生英语自主学习的重要外在因素之一，在学生自主学习的培养中扮演着重要的角色。教师不仅要向学生传授语言知识、语言技能，还要教会学生如何进行自主学习。

教师的教学态度和理念、教学方法以及所使用的教材会不同程度地促进或制约学生自主学习能力的发展。但实际上，教师本身就是影响自主学习的一个重要因素。一般而言，教师在学生的学习过程中给予的指导、监督和启发越多，学生从中获得的经验越多，也更能明确地意识、指导和调节自己的学习过程。另外，在现行的教育条件下，学生的自主学习作为一种活动过程，也不可能完全独立于教师的指导之外。换句话说，学生在进行自主学习时，还必须依赖教师来确定学习内容、获取学习策略、提供学习反馈，遇到自己不能解决的学习困难时，还需要教师的指导和帮助，从而促进自己的自主学习。

为了培养学生的自主学习意识，教师首先要具有培养学习者英语自主学习的意识。如果教师自身没有自主学习的意识，对自主学习不了解，那么他们在教学过程中就不可能为学生提供自主学习的空间。此外，教师要相信学生有能力为自己的学习负责，鼓励他们反思自己的英语学习，否则教师就不会给学生更多的学习自主权。

（二）同伴

自主学习既是个体的行为又是社会的行为，它既不会发生在真空中，也不是完全独立的，同伴之间的协商、合作能够有效地促进个体的自主学习。庞维国在总结国内外相关研究成果的基础上提出，学生的自主学习至少在以下方面会受到同伴的影响。①

（1）同伴的自主学习对学生的学习有着榜样示范的作用。在社会认知理论中，自主学习能力的发展过程是个体将外部学习技能内化为自己能力的过程，而这个过程要先后经历观察、模仿、自我控制、自我调节四个阶段。可见，对榜样的学习观察是个体自主学习能力的起源，因而同伴的榜样示范对学生的自主学习有着极为重要的作用。

（2）学生对自身自主学习能力的评估受到同伴自主学习行为和学习成绩

① 庞维国. 论学生的自主学习［J］. 华东师范大学学报，2001（5）.

的影响。个体主要借助内部比较和社会性比较来评估自身的自主学习能力。所谓内部比较是指个体比较自己在一个学科领域的成绩与另一个学科领域的成绩，进而推断自己的学习能力；而外部比较就是个体拿自己的能力与同伴在该领域所取得的成绩进行比较。无论是男生还是女生，其自主学习能力知觉的产生主要受社会性比较的影响。由此可见，个体在评估自己的自主学习能力时，主要以同伴的能力和成就为参照。

（3）学生的学业求助受到同伴关系的影响。近年来研究者日益认识到学业求助对学生自主学习的积极作用。学业求助不仅是重要的社会互动过程，而且是重要的适应性自主学习策略。在日常学习中，同伴关系主要表现为吸引与排斥、合作与竞争。一般而言，在情感和谐、相互亲近、团结互助的同伴关系中，学生的竞争性较低，学生的自尊心能够受到很好的尊重和保护，学生之间的地位也相对比较平等，这样学业求助所付出的代价也较小，因而学生之间通常会有更多的学业求助，进而促进学生的自主学习能力的发展。

第三节 英语自主学习教育策略研究

一、英语自主学习教育准备策略

（一）确立英语自主学习的教育目标

教师在活动之前如何进行计划，主要有两种不同的取向：一种是“整合计划”模式；另一种是“目标—手段详细计划”模式。这里采取第二种模式，其是一种技术性、策略性的取向，它先把宽泛的目的一步步地分解为具体的目标，然后根据详细的目标选择、组织教育内容，选择合适的教育行为，教育组织形式，形成详细的教育计划，即教案。

大学英语的教育目标是培养学生英语综合应用能力，特别是听说能力，使学生在今后的工作和社会交往中能用英语有效地进行口头和书面的信息交流，同时增强其自主学习能力、提高综合素养，以适应我国经济发展和国际交流的需要。

教育部颁布的《大学英语课程教学要求》将大学阶段的英语教学要求分为三个层次，即一般要求、较高要求和更高要求。这三个不同层次的要求是我国所有高等院校非英语专业本科生经过大学阶段的英语学习与实践应当达到的英语水平标准，其中一般要求是每个大学毕业生必须达到的目标。

（二）教育材料的加工

无论是自己编制所教课程内容的教师，还是根据已经规定好的内容开展教育活动的教师，根据教育的意图或目标对可得到的材料进行编制、研究和分析都是进行准备工作中不可少的环节。教育材料是指教育内容的各种形式的载体，教材是实现课程标准和确定教育目标的重要保证。为了打好语言基础，培养语言应用能力，教材应为课堂教育的开展提供最佳的语言样本和有系统性、有针对性的语言实践活动的材料。教师要充分利用教材所提供的语言材料组织好课堂和指导学生课外自学。

根据高校学生的层次及相关大学英语教材的难易程度，我们在教育部推荐的四种教材中选择两种作为主体教材，即高教出版社的《体验英语学生学习系统》和外语教学与研究出版社的《新视野英语》及教学软件（网络版）。《体验英语学生学习系统》和《新视野英语》都是国家级规划教材，其难易程度和实用性特点适合高校学生的实际。这两套教材充分体现了立体化教材的优势，人机互动练习以听说为主，强调自主学习，注重培养表达能力等等，这些与《大学英语课程教学要求》是相适应的。其充分尊重语言规律，体现新的《大学英语课程教学要求》，突出趣味性、实用性。

此外，教师可以采取集体备课形式，结合大纲及计划，对所教科目知识的性质及所面对的学生的需要、兴趣、能力水平和学习与思维习惯的特征深入了解的基础上，集众人的智慧共同编制开发补充相关课件和辅助教材，根据实际教育对象的特征选择和组织相关教育内容，以便更好地适合于自己的课堂情景，结合信息技术手段，在课堂上将以声、像、图文等多种形式为学生提供教育内容，对教科书更好的辅助和补充。其外观、版式设计色彩鲜明，内容贴近现代生活，围绕学生这个主体向外扩展，让学生在学完一个单元后懂得自己能做什么，到相同的情境该怎么去听与说，在不知不觉中提高听说技能，消除可能产生的心理问题和听说障碍。相比之下，传统教材却很容易给学生以较为呆板的印象：一幅图、一段材料、一个生词表、几道练习，色彩单一，排版单调，学生不感兴趣，对英语学习的兴趣就会降低。课件与教材有机地结合，可为我们展示生活中方方面面的知识，提供诸多与学生身边现实生活有关的话题，可以促进学生对语言知识的运用能力。

（三）教育行为的选择

根据教育目标，教师对教材进行选择与确定等处理后，还必须考虑选择什么样的行为才是适当的。

选择教育行为的依据：

（1）教育目标或意图。每节课都要针对认知领域、情感领域还是动作技能领域，有一定的目标或意图，采取何种教育行为应与达到的学习水平联系起来考虑。教师主要着眼于学生的自主性，以指导形式为学生提供学习情境，创造学习条件，让学生主动参与教育活动，促进英语综合能力运用。

（2）认真研究学生。学生是学习的主体，有效教育的有效开展依赖于学生的参与。所选择的教育行为要与学生的认知水平、经验水平学习风格相符合，当某一方式适合学生的能力、需要和兴趣时，他们会感到非常自如，并且学习效果最好。大学生的认知发展已经具有丰富而完备的学习策略，大学生的自我已成为其发展的主体和主要执行者与监控者，在学习方法上对自主性要求较高，在选择的教育方式时都应有所考虑。

（3）在进行教育行为选择时，还应该把环境因素考虑在内。诸如可用的空间及各种信息技术手段等。

（四）教育组织形式的设计

教育组织形式是指教育活动中教师与学生为实现教育目标所采用的社会结合方式。它与教育行为紧密相连，需要同时考虑。课堂组织形式基本分为三种：一种是全班组织形式，通常称班级授课制；一种是分组组织形式；一种是个别组织形式。教育组织形式可采用不同教育组织形式相结合的方式。

1. 分层教育

按照《大学英语课程教学要求》，大学阶段的英语教育要求的三个层次，课堂教育面临改革的首要任务，就是以学生客观存在的差异为前提，设计不同层次的教育内容，改革教育模式，使每个学生在最适合自己的学习环境中求得最佳的发展。在实际教育过程中，教师既要照顾起点较低的学生，又要给基础较好的学生有发展的空间；教师既能使学生打下扎实的语言基础，又要培养他们较强的实际应用能力；教师既要保证学生在整个大学期间的英语语言水平稳步提高，又要有利于学生个别化的学习，以满足他们各自不同的专业发展需要。

针对学生英语基础差距较大的情况，信息环境下进行大学英语自主学习教育，每一学期进行一次调整，期末考试后，成绩优秀的学生可选择跳级，成绩太差的学生则须降级。每一学期进行一次微调，每一学年进行一次大调。

2. 大学英语自主学习课程类型设置

建立大学英语基础综合类课程和全校大学英语选修课程的课程体系，该课程体系不仅包括传统的面授课程以外，更注重开发基于信息技术环境的大学英语课程，将综合英语类、语言技能类、语言应用类和专业英语类等必修课程和选修课程有机的结合，形成个完整的大学英语课程体系，以确保不同层次的学生在英语应用能力方面得到充分的训练和提高。

促进大学英语自主学习教育中，学生周学时数保持在 7 个学时，采取课堂面授和自主学习相结合的方式。课堂面授由 2 种课型构成，即读写译课和听说兼辅导课。其中读、写、译的大课堂采取班级授课，可以使教师同时为许多学生授课，每周安排 2 学时，以教师指出课程难点、重点，并串讲课文等方式，帮助学生掌握基础知识，透彻理解每篇文章的内涵，从而提高英语阅读、写作和英汉互译的能力；听说兼辅导课采取小组组织形式，根据不同层次每个班分为 3 组，每组 12 人左右，每周每组学生安排一次面授辅导。这种方式适合学生个别化学习，可以增强小组成员互相激励与合作学习，以师生、生生交流，教师指导的方式，对每单元课文和网上学习内容开展主题讨论或合作活动，重点培养和提高学生口语表达能力；同时对学生课下网上学习的进度和程度进行督促检查，随时掌握学生网上的自学效果，答疑解难，个别指导，并根据学生的学习效果决定学生是否可以继续学习。此外，学校建立自主学习中心配置语音输入输出系统，为学生提供上机进行听说、作业训练，为学生创造自主学习环境。这种形式允许学生有比前两种组织形式更灵活的学习进度和时间安排。

（五）教案的形成

教案是为课堂而准备的书面计划。它本身涉及的问题很多，包括以上所介绍的各个方面，还包括教案的一般规范问题以及对教育困难的预测，需要教师结合实际教育内容和对象，进行科学的设计。

二、英语自主学习教育实施策略

（一）英语口语和写作能力教育策略

口语和写作是基本的语言表达形式。语言教育的中心任务是培养学生通过听、读获得信息，以说、写表情达意，交流信息。学生开口说英语的最大困难是心理障碍，如害羞、怕出错、缺乏自信心等。克服心理障碍的有效方法就是创造轻松、愉快的课堂气氛，鼓励学生大胆开口。

1. 巧妙处理语言错误策略

巧妙处理语言错误策略指教师应树立正确的语言错误观，正确看待学生表达中出现的错误，在不同阶段、针对不同学生、按错误的程度区别对待语言错误，引导和帮助学生改错。教师要及时引导学生看到自己的进步，加以鼓励。许多研究表明，害怕错误的学生常在口语练习中保持沉默，或在写作中机械照抄课文原句，教师在纠错的过程中，要帮助学生树立自信心。

2. 练习方式活动化策略

练习方式活动化策略，指教师有目的地设计语言表达练习活动，为学生运用语言提供足够的机会，而不仅仅是单纯的语言形式机械重复。可通过开展英语游戏、演出，举办演讲、竞赛等活动，使学生运用课堂以外的信息、经验和知识，不知不觉中运用学过的语言。

（二）英语词汇语法教育策略

词汇语法在英语中起着重要的作用它们在语言课堂中不仅有用，而且对加快学习过程至关重要，是帮助学习者达到较高外语水平的重要途径。词汇语法教育以提高学生的外语交际能力为目标，教育重点放在如何使学生在特定的语言环境中，为实现交际功能正确而又得体的运用这些语言形式。

1. 完整步骤化教育策略

完整步骤化教育策略指教师在进行语言形式教育过程中，应策划一系列完整、有步骤的教育活动。学生通过这些步骤掌握语言知识，最终达到运用语言形式进行交际的目的。运用该策略，教师应引导学生走过一个从不知到知之，直到用之的过程，简称 PPP 过程，即 presentation（呈现）、practice（练习）、production（运用）。

2. 训练有效记忆策略

训练有效记忆策略指教师应有意识、有目的地训练学生运用有效的记忆方式和技巧，提高记忆效率。这类训练在学生已掌握部分词汇基础上，有助于进行词汇扩展或加深记忆。

3. 整理归类、区别对待策略

整理归类、区别对待策略针对词汇教育来讲是指教师要区分主动性词汇和被动性词汇，应采取不同的手段，提出不同的教育要求。教师应引导学生对词汇适当进行分类，按同类的转化、派生，及一词多义、一义多词、近义词、反义词等帮助学生整理词汇，达到巩固的目的。在词汇较多或复习阶段运用该策略可以帮助学生在大脑建立词汇间相互多重联系以巩固和加深记忆。

第四节　英语自主学习教育模式的构建

一、构建高校英语自主学习教育模式的流程

（一）操作前的准备

教师的准备工作：以学生为中心的自主学习过程需要教师做好前期工作，其中最为重要的是要清楚知道学生的情况，包括学生的现有知识水平、清楚学生学习的需求以及制定相应的教育计划。这三个条件对自主学习下的英语教育准备是十分重要的。

学生的准备工作：学生需要在课前做好功课的预习工作，提前了解这一节课的主要内容，找好与这一节课内容相关的材料，尝试用英语自己读一遍，做好相关的笔记，以便上课时同学之间的讨论能更加顺利地进行，教师的讲解能更容易理解。

教材的准备：作为课堂教育的物质条件，多媒体课件的准备也作为一种教材形式是不可或缺的。当然，教师要首先熟悉教材的内容，做出适当的情境创设；其次，教师要找出适合这堂课的课外阅读材料，增强学习内容的实用性。

（二）操作中的准备

第一，教师创设情境，布置任务阶段。

普通的导入环节并不能满足自主学习的内在需求，导入需要教师别出心裁地设计，教师要找准切入点，创设让学生感兴趣的情境，才能使得学生感兴趣。在充分了解学生能力水平后，提出问题让学生自行准备，创设出的情境才能为学生做好下一阶段的铺垫。

第二，学生主动要学阶段。

受到教师的启发诱导，学生在产生浓厚兴趣后，可以自发的主动想要满足内心对知识的需求，遇到不懂的单词句型，学生会主动去翻阅字典，想要彻底明白这个课文究竟讲了什么内容，进而才能在此基础上自己去搜索相关的文献材料，争取在课堂讨论中有话可说。

第三，学生有独立能力自主学习阶段。

有能力自主学习是课堂之中开始接触知识核心的一部分，学生终于不再徘

徊在生词阶段，可以自主学习教师交代的任务。这是自主学习教育模式的一个重要探索，也是自主学习的关键所在。不同层次的学生都有能力在这一阶段学习到不同层次的知识，体验到学习的乐趣。

第四，学生自主要求学习的阶段。

这个阶段学生完成了教师布置的任务，无形中增强了自信心，为真正意义上的“独立”打下了基础。这一阶段，学生通过自主学习、思考、主动通过各种方式去搜寻答案，可以进入了展示成果的阶段。在讨论的过程中，每个学生根据自己的理解与同学们进行探讨，更在探讨中相互交换了所学的知识，达到了自主要求学习的功效。

（三）操作后取得的成效和问题

1. 取得的成效

（1）学生自主性增强

学生的自主性在整个学习过程中明显增强，不仅包括自我约束，也包括在学习上的自我促进。学生的内在学习动机使得他们不甘落于人后，他们在上网打游戏的时候，看到了别的同学仍在自主学习，这就使得他们不敢懈怠，最后形成了良好的学习氛围。

（2）师生互动增进感情

教育过程中，师生关系对教育成效的影响十分大。时常听说哪位学生不喜欢哪位教师，那么他的这门功课就会很糟糕。这也与高校里师生关系的疏离有着密不可分的关系。对于成年人的大学生来说，他们不需要像中学时期一样事事束缚他们的教师，但是反之，他们也不希望像没人管的孩子一样得不到关注。在自主学习教育模式的建构下，学生就不懂的问题请教于教师，教师也愿意看到学生积极学习、积极配合，课堂活动开展起来也变得更顺利。

2. 存在的问题

（1）如何保持学生长久的积极性

学生一开始总是很乐意也很积极配合教师采用新的教育模式，但是久而久之，新鲜感没有了，尤其在遇到一些不感兴趣的课文和材料时候，学生会感到厌倦疲惫。因此，如何保持学生长久的积极性是个急待解决的问题。

（2）学生不配合预习，拖慢节奏

同样，在某些学生不配合教师时，教师需要花费大量的时间去讲解原本需要学生在预习阶段完成的知识点，原本安排好的计划就会被打乱，教育质量大打折扣，课时耗费过多，给实验造成不好的影响。

总的来说，自主学习的本质就是要求能够体现主体自由的一个过程，所谓的“主体自由”也就需要为学生营造宽松、自在的学习活动氛围，为主动要求去学习打下基础。

二、构建高校英语自主学习教育模式的具体策略

（一）改变教育者和学习者自主学习理念

当今社会正处在高速发展的信息时代，互联网资讯已经对整个教育的体系产生了不可忽视的影响。因此，必须首先改变教育者和学习者自主学习的观念。

1. 学校树立终身学习的教育理念

学校的管理层作为一个学校的领头羊，应该不断接收和接纳新的信息、新的理念，并不断更新、不断创造。这个世界永远不变的就是变，思则变、变则通，永远将最新最实际的教育理念运用在包括教育工作在内的学校所有工作中，一切工作以教育工作为核心，教育工作以学生为核心。

2. 教师改变教育理念

教师应改变自身观念，向学生传授学习知识的方法。“授人以鱼不如授人以渔”，此外“教”的最终目的是“不教”。尤其在这个互联网高度发达的信息时代，学生可以通过多种途径来获取知识。但是如何有效地、准确高效地去学习，才是信息时代下教师应该要做的。教师需转变传统观念，去引导学生学习而不是灌输知识，去培养学生的自主学习能力而不是一味追求成绩和考试通过率。每一个学生的学习情况不同，这就要求教师针对每一个人来制定学习计划和选择学习方法，这对教师来说也是一个挑战。

3. 学生改变自主学习理念

学生在以往的学习经历中，一直是处于被动接受的地位，久而久之，他们失去了主动学习的积极性和观念。而大学阶段的学习更多地需要自主和自律，教师教授的知识有限，更多的知识和资讯需要自己去寻找、去发现、去学习、去研究，把自己放在学习的主体的位置上，不能过多地依赖教师。在这个阶段，教师仅仅只是扮演引导者和协助者的身份。学生改变自主学习的观念，并在教师的指导下选择适合自己的学习方法，才能真正地将学习变成一种好的习惯。

（二）加强学生在英语学习过程中的协作学习

在英语自主学习中，自主学习并不意味着一个人的独自学习，相反，互动、协商、协作和小组学习能更好地达到自主学习的效果。协作学习就是一种

通过小组或团队的形式组织学生进行学习的一种策略。小组里每一个成员将其在学习过程中探索和发现的知识和信息和小组成员共享，影响其他成员并达成一致，甚至可以影响到整个班级的学生。教师需给每个小组制定共同的目标，然后把主动权交给学生。在一定的奖励或刺激条件下，每个小组都会为达成共同的目标而互相合作、互相学习、取长补短。比如可以创设学生之间或小组之间的竞争、辩论、合作、解决问题和角色扮演等情境，在网络平台提供的远程交换环境下，利用任务驱动式学习，如完成课文背景或相关背景情况的调查，相互评价自学学习的结果，使同一小组内的各个成员或者是各个小组针对同一个问题的不同方面进行探索，协作交流，共同解决问题，最终完成任务，达到自学学习的目标。

“会学”“想学”和“能学”是自主学习的培养目标，“会学”建立在学生掌握相应的学习方法的基础上，“想学”建立在学生具体内在学习动力基础上，“能学”建立在学生自我意识发展基础上。然而，课堂的学习时间不是无限的，而网络可以提供给学生一个“开放式”的课堂，最终使学生不断提高自主学习的能力。学生和学生、老师之间可以通过多种方式进行交流，如QQ、微信等。学生也可以在学习网站里自主学习，查看各种对自己有用的信息，如 CAI 课件和直播课堂，学生借助 QQ、BBS 等软件用英语在网上聊天，这种语言交流使学生的学习兴趣得到触发，使他们英语语言交流的欲望得以增强。在课堂中不是所有人都能开口说英语，这就可以弥补其缺陷，使学生学习英语的效率得到提高。学生有效地进行自我监督和评价是学生英语自主学习能力形成的重要条件，因为大部分学生都很懒惰，教师应该从学生的实际出发，在学生自己构建学习目标时起到辅助作用，学生应该设计好自己的英语学习路线，对自己的进步进行随时的检查，逐渐养成自主学习、自立学习的好习惯。

（三）发挥教师专业化培训的引导作用

自主学习也不是放任不管、任其发展。教师在学生英语自主学习的过程中起到很重要的组织和引导作用。首先，最重要的就是教育目标，这是大方向。其次就是有效地、按部就班的指导，指导学生如何学习，往哪个方向去努力。同时教师还要帮助学生提高发现问题、分析问题和解决问题的能力、团队协作和沟通交流的能力等。

在科技创新、教育思维活泛的当代，教师自身专业技能的强化，不但可以说是从根本上保证了教育的质量，也从内部支持者教育事业的发展，让学校能够长长久久的发展，还能把学生的潜在能力挖掘出来。目前我国大学英语教师还没有很好的专业化发展。

1. 树立教师自主发展的理念

从整个国家环境来说，20 世纪中期逐渐兴盛的教师专业化运动从本质上来讲就是一场以提高教师生活品质的运动。直到今天，世界各个国家仍然在继续探讨教师专业化这个问题，并且进一步扩大了教师发展的范围和空间。从这一系列情况反映出，教师的成长已经成熟到了实现内在转变的变化。以前教师只是实现教育目的或者教育规划的单纯执行者，所以一直用一种外在培养的方式来促进教师发展，直接把需要在教育中运用到的技能、理论、知道填充到教师思维当中，然后就让教师照本宣科地去施行。但就事实而言，这种粗暴的教师养成计划，并没有让那些培训者看到他们的预期效果。假如教师没有从内心热爱教育工作并投入激情去参与，所有的教育方式培训与改革都是形式化，终将不会成功。所以说，从 21 世纪初期开始，世界各国教师发展非常关注教师自身的发展和体验，这是一种颠覆性的转变，这就表明教师不再是单纯的社会需求，更能够实现自身价值。这就表示教师工作不再是他们单纯的谋生手段，而转变成了他们的一种生活方式。坚持持续发展是教师自我发展的一种仪式，贯穿于每个教师一生，每个人除开天生技能之外，另外的技能都是靠学习来维持并生活下去。所以，持续不断地学习是教师必须需做到的，然后教师才能够获取其他的生存能力，如专业能力、知识技巧等，这就表示教师自我发展要得到保证终生求学是必然之路。通过在职教育来学习教师发展理论，了解教师自主进修的详细内容，能够在思想上形成一个基础认知，进而与自身的行为进行对比，只有从根本上认同自主发展，强化自主发展意识，养成主动观念，充分发挥主观能动性，让其能够成为教师专业发展的内部持续动力。

2. 自觉反思，做反思性实践者

教师专业化发展受到众多因素牵制，其中自我发展意识与教育反思能力至关重要，反思与经验共同促进教师成长。自我反思就是要求教师把自己的教育活动当作研究对象、坚持不放弃、自觉主动地去分析和思考自己的教育实践环节和教育理念，以此来发现存在的问题，并不间断地去改进。

（四）提升英语自主学习环境

大学生创业创新目前很流行，在这样的外部环境下，将创业创新教育融入英语自主学习模式中来培养大学生的英语自主学习能力。可以开展情境化的英语学习体验，让大学生通过在这样的语言实践活动中进行沟通、互动、合作进行英语的输出，发挥大学生的创造性，激发自主学习的动机。学习与实践相结合的自主学习英语模式能够很好地提高学生自主学习英语的能力。

网络、通信技术的迅速发展也大大地促进了传统英语教育方法的改善。英语在网络环境和多媒体技术中有了较好的学习和交流平台。学生可以最大限度地提高其自主学习能力。教师将网络技术视作英语教育模式的支点，利用现代信息技术的超文本性、互联性和互动性等极大地弥补了传统大学英语教育的不足。使学习英语变得更加轻松和愉快，不再是以往的枯燥无味。由于受到计算机网络多媒体技术的支持，充分利用网络社交的功能，使以学生为主体的学习氛围得到很好的体现，使学生自主学习的能力得以培养和提高。所以，面对现代网络多媒体环境，教师要将其优势和功能最大限度地发挥出来。

第三章　信息化视角下的英语教育模式

在互联网信息化浪潮的冲击下，英语教育也受到了极大的影响。英语作为一门语言，更多的是运用在生活中，学好英语的前提，便是有一个良好的教育模式。英语的发展也需要与时俱进，跟得上时代的发展。本章主要论述了信息技术与教育信息化、英语教育信息化的SWOT分析、英语微课和慕课教育模式、英语翻转课堂教育模式等内容。

第一节　信息技术与教育信息化

一、信息技术

（一）信息技术的含义

信息技术（Information Technology，缩写IT），是主要用于管理和处理信息所采用的各种技术的总称。它主要是应用计算机科学和通信技术来设计、开发、安装和实施信息系统及应用软件。它也常被称为信息和通信技术。主要包括传感技术、计算机与智能技术、通信技术和控制技术。

“信息技术教育”中的“信息技术”，可以从广义、中义、狭义三个层面来定义。

广义而言，信息技术是指能充分利用与扩展人类信息器官功能的各种方法、工具与技能的总和。该定义强调的是从哲学上阐述信息技术与人的本质关系。

中义而言，信息技术是指对信息进行采集、传输、存储、加工、表达的各种技术之和。该定义强调的是人们对信息技术功能与过程的一般理解。

狭义而言，信息技术是指利用计算机、网络、广播电视等各种硬件设备及软件工具与科学方法，对文图声像各种信息进行获取、加工、存储、传输与使用的技术之和。该定义强调的是信息技术的现代化与高科技含量。

计算机和互联网普及以来，人们日益普遍地使用计算机来生产、处理、交换和传播各种形式的信息（如书籍、商业文件、报刊、唱片、电影、电视节目、语音、图形、影像等）。计算机教育成为信息技术教育的重要组成部分。

随着社会信息化的发展，计算机应用几乎渗透到社会生活和经济活动的所有方面，这赋予计算机教育以极为广泛的社会性，因此，向各行各业普及计算机专业知识成为一项重要任务。

在企业、学校和其他组织中，信息技术体系结构是一个为达成战略目标而采用和发展信息技术的综合结构。它包括管理和技术的成分。其管理成分包括使命、职能与信息需求、系统配置和信息流程；技术成分包括用于实现管理体系结构的信息技术标准、规则等。由于计算机是信息管理的中心，计算机部门通常被称为“信息技术部门”。有些公司称这个部门为“信息服务”（IS）或“管理信息服务”（MIS）。

（二）信息技术的特征

1. 信息技术的技术特征

信息技术具有技术的一般特征，即技术性，这是其本质的特点。具体表现为：

（1）数字化

在信息处理和传输领域，二进制数字信号是现实世界中最容易被表达、物理状态最稳定的信号。数字化就是将信息用电磁介质按二进制编码的方法加以处理和传输，将原先用纸张或其他媒介存储的信息转变为用计算机处理和传输的信息。它一改传统的记录、存储模式，将信息存储方式转变为电磁介质上的电磁信号，为压缩信息存储空间、改进信息组织方式、提高信息更新速度、进行信息远程传递提供了基础；将多种信息形式，如文字、符号、图形、声音、影像等有机地结合在一起，为进行信息的统一处理和传输提供了基础；将信息组织形式由顺序的方式转变为可按其本身的逻辑关系组成相互关联的网络结构，为提高信息检索效率提供了基础。

（2）网络化

计算机技术与通信技术的结合将人类带入了全新的网络环境，它把分布在各地的具有独立处理能力的众多计算机系统，通过电讯线路和相应设备联结起来，以实现资源（硬件、软件、信息）共享。数字化信息的网络化交流，在技术上依赖于TCP（传输控制协议）和IP（网络层协议），可以保证各种信息安全、可靠地到达指定地点。信息网络的发展异常迅速，从局域网到广域网，再到国际互联网。被形容为“信息高速公路”的高速信息传输网络已成为现代社会中信息传递的神经中枢，也成为建立和发展其他信息网络的平台。网络化信息检索不再是以往联机检索中主机和用户的主从关系，而是客户和服务器的等同关系，电子邮件、远程登录、电子论坛等也深入到人们的活动之中。

（3）智能化

信息技术注重吸收社会科学等其他学科的理论和方法，表现最为突出的是人工智能理论与方法的深化与应用。在通信领域将出现类似人脑一样具有思维能力的智能通信网，当网络提供的某种服务因故障中断时，它可以自动诊断故障，恢复原来的服务。在计算机领域，超级智能芯片、神经计算机、自我增值数据库系统等将得到发展，与此相对应，第六代计算机将具有人的思维功能。在多媒体领域将出现计算机支持的协同工作环境及智能多媒体，届时会更加便捷地对文字、符号、图形、声音、影像进行识别和处理。在信息系统领域，智能信息系统的出现将提供智能的人机界面，用户与系统之间可用自然语言交互，系统可提供很强的推理、检索、学习功能。

（4）个人化

信息技术实现以个人为目标的通信方式，充分体现可移动性和全球性。它实现的目标被简称为5W，即无论何人（whoever）在任何时候（whenever）和任何地方（wherever）都能自由地与世界上其他任何人（whomever）进行任何形式（whatever）的通信。个人通信的理想境界应该是：通信到个人，以个人的身份代码进行呼叫或被呼，通信是透明的；不论在室内或室外、静止或移动（包括汽车、火车、轮船、飞机等高速移动），都能随时随地通信；个人使用的手持机将像钢笔、手表一样不可或缺，其自然度和清晰度高、价格便宜、耗电量小、小巧轻便、操作简单，既能提供语音通信，也能处理数据和其他任务。个人通信需要全球性的大规模的网络容量和智能化的网络功能。

（5）多媒化

当今信息处理与利用不再只是采用某种单一媒体，而是多种媒体并举。另外，由信息的秉性决定信息技术还具有普遍性、客观性、相对性、动态性、共享性、可变换性等特性。信息技术还具有区别于其他技术的特征，即信息性。具体表现为：信息技术的服务主体是信息，核心功能是提高信息处理与利用的效率、效益。

2. 信息技术的社会特征

信息技术广泛地应用于社会的方方面面，表现出一些明显的社会特征，这是其派生的特点。

（1）知识密集

信息技术涉及高技术前沿研究，它以大量的知识背景为依托，处于知识密集型和智力密集型领域，因而在信息技术领域集中了大批科技尖端人才，形成了高智商高素质的人才群体。

（2）更新加快

信息技术的快速、高水平发展使得信息产品的更新周期大大缩短。世界上第一代电子管计算机使用了近 20 年才被晶体管计算机替代，而从晶体管计算机到集成电路计算机只用了不到 10 年的时间，从集成电路计算机到大规模集成电路、超大规模集成电路计算机只用了几年时间。综合业务数字网、光盘技术等从 20 世纪 80 年代兴起就很快成为热点。就增长速度而言，信息技术产品开发周期越短，增长速度就越快。

（3）渗透力强

每一项信息技术产生之后，都存在着应用到社会各种活动之中去的可能性，信息技术及其原理的应用范围往往大大超出发明者和改进者的设想。如电子计算机最初只是作为提高计算水平的工具，但短短几十年后它已经应用到人类社会的各个领域，目前信息技术已成为国民经济增长的技术基础，有人估计现在全世界国民生产总值（GDP）的 65% 与集成电路和计算机有关，这十分有利于各个领域的信息化、智能化、电子化建设。

（4）互补综合

从信息技术的发展历史来看，每一次新的本质性的信息技术的发明创造都是产生于原有信息技术的功能相对薄弱的地方，新的信息技术是在对原有信息技术不断继承和不断改革的过程中完善和发展起来的，因而现代信息技术的很多成果具有人类的两项或两项以上的信息能力。如机器人同时具有获取、存储、处理、传输、控制信息的多种能力。多种技术的综合使用其本身所依据的基本原理有别于单项技术，所具有的功能也不是简单地相加。

（5）风险性大

目前的信息技术领域，由于技术和制造越来越精密复杂，技术难度不断加大，信息网络覆盖范围越来越广，故此研究开发费用、基本建设投资特别是初始投资的需要量往往是很大的。许多国家用于信息技术研究开发的费用通常占销售额的 5%~15%，这是其他领域的 2~5 倍。与传统技术不同的是，信息技术高投入的结果是回报风险性很大，一旦决策失误，不仅会遭受严重的损失，还会贻误发展的时机。

（三）信息技术的分类

（1）按表现形态的不同，信息技术可分为硬技术（物化技术）与软技术（非物化技术）。

硬技术指各种信息设备及其功能，例如，显微镜、电话机、通信卫星、多媒体电脑。软技术指有关信息获取与处理的各种知识、方法与技能，例如，语言文字技术、数据统计分析技术、规划决策技术、计算机软件技术等。

（2）按工作流程中基本环节的不同，信息技术可分为信息获取技术、信息传递技术、信息存储技术、信息加工技术及信息标准化技术。

信息获取技术包括信息的搜索、感知、接收、过滤等。如显微镜、望远镜、气象卫星、温度计、钟表、Internet 搜索器中的技术等。

信息传递技术指跨越空间共享信息的技术，又可分为不同类型。例如，单向传递与双向传递技术，单通道传递、多通道传递与广播传递技术。

信息存储技术指跨越时间保存信息的技术，例如，印刷、照相、录音、录像、缩微、磁盘、光盘等。

信息加工技术是对信息进行描述、分类、排序、转换、浓缩、扩充、创新等的技术。信息加工技术的发展已有两次突破，第一次是从人脑信息加工到使用机械设备（如算盘、标尺等）进行信息加工，第二次是从机械设备信息加工发展为使用电子计算机与网络进行信息加工。

信息标准化技术是指使信息的获取、传递、存储、加工各环节有机衔接，以提高信息交换共享能力的技术。例如，信息管理标准、字符编码标准、语言文字的规范化等。

（3）按使用的信息设备不同，把信息技术分为电话技术、电报技术、广播技术、电视技术、复印技术、缩微技术、卫星技术、计算机技术、网络技术等。

（4）按信息的传播模式分，将信息技术分为传者信息处理技术、信息通道技术、受者信息处理技术、信息抗干扰技术等。

（5）按技术的功能层次分，可将信息技术体系分为基础层次的信息技术（如新材料技术、新能源技术），支撑层次的信息技术（如机械技术、电子技术、激光技术、生物技术、空间技术等），主体层次的信息技术（如感测技术、通信技术、计算机技术、控制技术），应用层次的信息技术（如文化教育、商业贸易、工农业生产、社会管理中用以提高效率和效益的各种自动化、智能化、信息化应用软件与设备）。

传感技术、通信技术、计算机技术和控制技术是信息技术的四大基本技术，其主要支柱是通信（Communication）技术、计算机（Computer）技术和控制（Control）技术，即“3C”技术。

二、教育信息化

（一）教育信息化的含义

教育信息化，简单说就是在先进教育理念指导下，将信息技术运用于教育、教学实践，深化教育改革，培养社会需要的高素质人才，促进教育现代化发展的过程。

信息技术在教育领域的应用，正在引起我国教育的深刻变革。当前，校园网站建设、信息技术与学科教学整合、教师的信息技术培训等都在加速教育信息化的进程。教育信息化蕴涵着无穷的魅力。这种魅力不只是体现在技术手段的先进上，而更重要的是体现在它所引起的一系列教育思想、观念等的变革上。信息技术对现代教育的影响是广泛的、深刻的、长远的。要全面认识信息技术教育应用的影响，认真研究教育信息化带来的教育理论、教育实践的新发展、新问题，把信息技术的教育应用水平推向新的高度。

（二）教育信息化的特征

1. 教育层面的特征

（1）数字化

数字化是指教学手段、教学内容和教学方法更多地采用数字化的方法和内容，更多地利用计算机媒介协助教学的各个方面。信息时代又被称为数字时代，电子计算机的发明彻底改造了生活的方方面面。各种传统信息传递方式以及传统信息承载体已经越来越多地被数字信息方式和数字资源所替代，这在教育领域表现愈发明显。数字化使得教育信息技术系统的设备简单、性能可靠和标准统一，这些都为构建学习型社会奠定了良好的基础。数字化的电子教科书、参考书、图书馆数字电子资源和教育数据库等广泛应用，使教育的内容日益丰富多彩，使用效益得到惊人的提高。

（2）网络化

网络化是指传统的面对面教学模式越来越多地被网络教学模式所替代，信息资源可共享，活动时空更少限制。信息网络是 21 世纪发展最为迅猛的信息技术，也是对教育领域改变和影响最大的信息技术。网络化具体就是指传统的面对面教学方式可以被网络教学、虚拟教学所替代，完全突破了时间和空间的限制，最大限度地调动一切可以利用的资源为教育服务。教育空间网络化的发展使全球通讯在一瞬间完成，极大地拓展了教育的时间和空间，“多媒体大学”“虚拟大学”迅速发展。

（3）智能化

教育技术智能化是指为实现教育的功能和目标所采用的技能、手段和工具已经越来越发达，甚至接近人工智能。现代信息技术广泛应用于教育领域，工具的智能化能极大推进教育效率和效果的双重优化，是加速信息化、提高其智能化水平的直接动力。教育领域智能化，使得各种先进系统能帮助人们实现教学行为人性化、人机通讯自然化、繁杂任务代理化等。

（4）共享化

共享化是指随着信息技术的发展，各种技术和资源在教育领域被越来越多地、越来越容易地分享、共享。利用已建成的各种通讯基础设施，各种局域信息网络，特别是 Internet，全世界的教育资源已经连成一个信息海洋，供广大教育者和学习者随时随地共享使用，打破了过去教育资源种种形式的封闭和垄断，使全球教育资源的共享化程度大大提高，从而大大有利于全球教育资源的充分利用与质量和效益的提高，大大有利于缩小国家和地区间教育发展的差距。

（5）多媒体化

多媒体化是指传统的教学手段日益被丰富多彩的多重感官共同刺激的新式教学手段所替代。从教学的各个环节来看，都越来越多媒体化。更多地利用多媒体技术，使教学内容表示更具动态化、形象化。已经有越来越多的教材和工具书变成多媒体化，它们不但包含文字和图形，还能呈现声音、动画、录像甚至模拟的三维立体景象。

（6）自动化

管理自动化就是利用计算机管理教学过程的系统，目前已经投入利用的包括计算机化测试与评分、学习问题诊断、学习任务分配等功能。通过为学生建立电子档案，其中包含学生身份信息、活动记录、评价信息、电子作品等，可以支持教学评价的改革，实现面向学习过程的评价。

（7）虚拟化

教育环境虚拟化意味着教学活动可以在很大程度上脱离物理空间及时间的限制，这其实是网络化教育的重要特征。现代已经涌现出一系列虚拟化的教育环境，包括虚拟教室、虚拟实验室、虚拟校园、虚拟学社、虚拟图书馆等。虚拟教育可分为校内模式和校外模式。校内模式是利用局域网开展网上教育，校外模式是指利用广域网，特别是 Internet 进行远程教育。

2. 技术层面的特征

（1）开放性

现代信息技术的引进打破了以学校教育为中心的教育体系，使得教育更具开放性。教育信息化的最重要手段是基于网络平台的，而计算机网络是当今最为开放的面向对象的系统，这主要体现在内容开放、结构开放、功能开放。

（2）共享性

共享性使得大量丰富的教育资源和各种先进的教学手段能为全体学习者共享，而且取之不尽；从信息社会的本质来看，共享性就是信息化的本质特征和最终目的。

（3）交互性

交互性能实现人—机之间的双向沟通和人—人之间的远距离交互学习，促进教师与学生、学生与学生、学生与其他人之间的多向交流。交互式教学软件的开发和应用，强调了师生之间思想、情感和文化的交流，学生独立思考和创造性学习得到鼓励和有力的技术支持，教学由单向灌输改为多向交流，师生间建立起更加民主平等的关系。

（4）协作性

协作性为教育者提供了更多的人与人、人与电脑协作完成任务的机会。通过相互协作的方式进行教学和学习活动也是当前教育的一个重要发展方向。信息技术在支持协作学习方面可以起重要作用，其形式包括通过计算机进行合作（譬如在网上合作进行学习）等。

（5）自主性

学生学习日益具有自主性，由于以学生为主体的教育思想日益得到认同，教育信息化使得学生学习的自主性、独立性以及个性大大加强。这些个性体现在：通过计算机和网络，学生可以自主地选择教材和教师，自己安排课程和课时。譬如利用人工智能技术构建的智能教师系统能够根据学生的不同个性特点和需求进行教学和提供帮助。至此，学生才真正成为教学的中心，教育培养创新人才的目标得到更好的支持，学生将更具有自主性、个性和创造性。

（6）多样性

教育服务的对象日益多样性，表现在：允许和包容各种形式的教育，如学校教育、在职培训教育、社区教育及自学教育等，关键是受教育服务对象不再局限于在校学生，这些变化为形成终身学习、终身教育的学习型社会提供了技术支持、网络平台和信息基础。教育信息化的进程以及教育服务对象多样性的发展过程也就是教育全民化的历史进程。多样性既依赖于信息技术、教育思想观念乃至整个社会的发展进步，又对教育和社会进步形成巨大的推动力。

（三）教育信息化的本质意义

教育信息化的来临必将改变我们所熟悉的教育模式、教育思想、教育观念和教育理论。随着信息化程度在教育领域的深入，教育将面临前所未有的机遇和挑战。我们应该看到，无限的发展空间与进步契机带给我们的不仅仅是希望与辉煌，还为我们带来了教育领域全新的理念和全新的模式，更为重要的是为我们提出了新的发展要求与奋斗目标。教育信息化的概念与特征告诉人们教育信息化本身就是一种发展变化的过程，是站在教育、技术、社会三块基石上的新时代骄子。我们所做任何研究与实践，归根结底都要在尊重其自身的本质与特征的基础上验证并完善其本质与特征。谁能对教育信息化理解得更深，谁能将教育信息化解释得更符合实际，谁就能够站在教育信息化起点的最前沿。

事物的特征往往显现在表层，抓住了事物的表面特征意味着对事物有了实践层面的应用能力。但如果能透过表面现象看到事物的本质，那就意味着我们对事物的理解已经上升到了科学层面。当经历了一段时期的积累以后，关于事物的理论体系开始逐渐形成，于是在事物的实践层次与应用层次上便建立起哲学层次的理论，这是人类认识事物的规律。教育信息化是基于教育学理论与信息化技术之上的新事物。教育信息化虽然有很多不同的提法，也存在着很多的理论，但归根结底都离不开其教育的本质和技术原性。

我们认为，透过教育信息化的技术特征、教育特征、社会特征来看其本质，相应地就产生了三个层次的本质，即技术层次的本质、科学层次的本质、哲学层次的本质。技术特征和社会特征对应的是技术层次的本质，教育特征对应着科学层次的本质，而哲学层次的本质则是前两种本质的统一和宏观总结。

1. 从技术层面看教育信息化本质

把信息看作一种工具，把信息技术看作一门技术。当在教育中积极地应用信息技术优化教学、促进学习、提高绩效时，就产生了教育信息化的技术本质：以提高教学效率为目的的信息技术在教育当中的全面应用。只有教育信息化的学科本质，即教育学特征后的教育信息化本质。

2. 从学科层面看教育信息化本质

对应着教育信息化技术本质把信息看作工具，其学科本质则把信息看作“成人”的环境。当人在这种信息化的环境当中通过一定的教育引导完成知识“成人”和精神“成人”时，就产生了教育信息化的学科本质：在信息化的环境中培养具有时代特征的完整的人。这是回归教育本质对教育信息化的认识。教育的本质意义在于培养完整的人。教育的本质应该是对人本身的一种完善，是人从不完善走向文明、完善的一个过程，培养文明、杰出的人是教育的终极目标。简单地说，教育就是“成人”的过程，或者说是人为的积极意义上的“成人”过程。教育信息化是教育的产物，这就注定它必然要符合教育“成人”的意义。否则，所有的工具、手段、过程都将毫无意义。

基于教育学科的特点，结合信息技术，我们认为：教育信息化是利用信息技术创造出一系列的教育环境，并应用到对人才的培养，从而提高全民综合素质，尤其是信息素养的提高来塑造适应信息化时代发展的新一代复合型人才的全部过程。

3. 从哲学层面看教育信息化本质

哲学是教育的普遍原理，在教育中起到思辨、批判、规范的作用。道理很简单，哲学是一门宏观意义上的科学，我们称之为科学的科学。故教育信息化的发展从哲学层面来看只是对传统教育的批判、思辨与规范的结果。

教育在其最高的意义上而言就是哲学，即教育的本质方向，这个方向决定着教育实践与作为抽象价值的“真理”的关系。因而这个方向就是教育的本质、教育的目标和教育的理念。这个意义告诉我们，教育作为一种人类特殊的生产活动，需要遵循一种理想的理念。这种理念就如同手工艺者以一种理想形式为依据制作床和桌子一样。人类教育需要从哲学中寻找一种理想模型，即一种理想化的教育哲学理念来指导我们的教育教学形式。

理想化的教育哲学理念应当把心灵的塑造、人格的养成、知识的积累、批判精神贯穿、创新思维的培养看作教育的本质意义，而且在很大程度上心灵的塑造和人格的养成，即对真善美的追求应当比知识本身更为重要。从这个角度出发，我们的教育信息化的本质应该是这样的：在传统教育的批判基础上，信息技术自然地融入心灵塑造和人格培养方法之中，以规范传统教育，进行新一轮关于现代社会的知识积累、思维培养的思辨。

第二节 英语教育信息化的 SWOT 分析

一、SWOT 分析法

SWOT 分析是指优势（Strength）、劣势（Weakness）、机会（Opportunity）和威胁（Threat）四方面的分析。近年来，SWOT 分析法已在很多方面得到了应用，小到个体微观企业，大到国家发展战略决策等各种层面，SWOT 分析方法均为最终决策提供了有价值的参考。在英语教育中，应用 SWOT 分析法可以帮助我们更好地认识英语教育信息化的优势和劣势，进而抓住机遇，制定有效的解决策略，防范教育信息化过程中可能存在的威胁。

二、英语教育信息化的优势分析

对英语教师来说，在课前备课阶段，通过信息技术可以灵活使用丰富的互联网教学资源从而获得有力的教学支持，互联网上最新的教学素材和相关的辅导资料使教师能够扩展视野，更新知识领域。此外，教师也可以利用信息技术制作微课等弥补英语学时不足的现状。

对学生来说，在课后自学阶段，信息技术使个性化学习成为可能。学生可以根据自己的时间和英语基础通过英语课程网络平台、学习网站、微课、慕课等媒介下载课件视频，浏览学习资料，反复操练习题，提交教师布置的课后作业，与同学和老师畅快交流和沟通学习问题等。信息技术激发了学生学习英语的主动性、积极性和创造性，有效改进了学生学习英语的方法，提升了学习英语的效率。

三、英语教育信息化的劣势分析

部分英语教师教学思想陈旧，教学方式单一，教学手段落后，教学内容单调，对教育信息化存在抵触心理，无法适应信息化的教学环境，没有认识到信息化教育是未来教育的发展趋势。有些教师虽有热情却又没有掌握现代教育技术，不会利用现代信息技术制作微课、翻转课堂等辅助英语传统教学。还有一些教师虽然掌握较强的现代教育技术，但是把网络的教学资源不加选择和思考拿来就用，这种不结合教授内容实际，对网络资源不经过加工和再创造就利用的不严谨的教学态度是极不可取的。另外，英语信息化教学平台和应用软件较少，现有的许多英语网络教学平台内容不充实，功能不全面，更新不及时，而且英语学习资料推送的频率较低。这些都对信息化的英语教育非常不利。

四、英语教育信息化的机遇分析

近年来，随着全球化的进程加快，国际的交往和合作日趋活跃，社会对国际化人才的需求也逐步增加，为顺应形势，培养国际化交流人才，许多高校加大了对英语教学硬件和软件设施的投入的力度，如增加多媒体教室和多功能语音实验室，建立英语课程自主学习平台和中心，装配英语网络教学学习软件，同时各高校也努力提高英语教师信息素质，如选派骨干教师参加各级各类现代教育信息技术会议和培训，安排一线教师到其他高校观摩和学习信息化的教学手段和方法，邀请相关专家到本校做学术报告和讲座，组织开展教师英语信息化教学技能比赛等。此外，一些高校还出台了相关政策积极支持和推进英语信息化教学改革，如选取试点专业和班级改革英语传统教学模式，创建符合各高校实际的英语信息化教学模式，奖励教师就相关内容发表论文和申报课题，支持学生就相关内容申报国家级、省级大学生创新创业项目，以此督促英语教师不断学习和提高自身信息技术的理论和实践能力从而加快本校英语信息化教育进程。

五、英语教育信息化的威胁分析

信息技术在与传统教学融合中也存在着一些隐形威胁。从学生的角度看，个别学生在利用信息技术学习过程中，极易受到互联网各种娱乐信息的吸引和干扰，从而影响学习效率和效果，如一些学生在课堂上利用网络信息工具玩游戏、聊天等，课后没有教师的监管，更多的学生无法有效利用时间集中精力完成教师布置的英语学习任务。对于这些自我控制能力较差、对教师依赖性强的学生来说，如果无法处理好学习与娱乐的关系，就会严重影响学习效率。从教师的角度看，如果教师对信息化教学软件和硬件不及时维护和更新，一旦发生技术性的障碍就无法保证正常教学的顺利进行，这也对信息化教学过程的持续性产生了严重的影响。这些威胁都使英语信息化教育大打折扣。

第三节　英语微课和慕课教育模式探究

一、英语微课教育模式

（一）微课的定义

微课是一线教师自行开发、时间在 5 分钟左右的微小课程，它源于教师的教育教学实际，解教师所需，为教师所用，解决了教师工作中的棘手问题；微课程不仅仅是一种工具，更是一种教师成长的新范式。这体现了一线教师对微课这一概念理解的实践性一面，也是微课得到广泛关注和应用的重要原因。在翻转课堂教学模式中，微课成了学生自主按需学习不可或缺的重要组成部分。

（二）微课的特点

1. 运用便捷

传统的课堂教学对教学的时间有着严格的规定，而微课在时间安排上却有其明显的优势，即微课的时间比较短，一般为 5 ~ 8 分钟，最长时也不应超过 10 分钟。在微课中，学生学习的时间相比于以前是非常短的。微课资源的容量不会超过一百兆，易于存储、便于携带，这使微型学习成为可能。因此，学生在完成微课的学习时所花费的时间和精力不会太大，这样更有利于学习者灵活安排个人时间，非常便捷。

2. 内容精练

与传统课堂相比，微课的主题更为突出，问题更为集中，换而言之，更适合教师的需要。反映课堂中某个教学主题及教学环节的教与学活动、突出课堂教学中某个学科知识点的教学等，是微课的特点，也就是说，微课比传统课堂的教学内容更加简洁，但简洁的同时，又能够使学生明白，因此又可将其称之为“微课堂”。

3. 主题明确

解决课堂教学中某个学科知识点的教学问题，或是将课堂中的某个教学主题、教学环节等教与学的活动进行适当的反映，是微课存在的重要意义。微课的教学目标相对单一，研究的问题来源于教育教学具体实践中的具体问题，每节课都有一个主题。

4. 趣味研发

正是由于课程内容的微小，以至于每个人都可以成为课程的开发者。与此同时，也正是因为课程是针对师生的，所以课程研发的目的是将教学内容、教学目标、教学手段紧密地联系起来，而不是验证理论或者是推导理论。这也就意味着所研发的内容必须是教师所感兴趣、熟悉或是有能力去解决的问题。

5. 共享交流

共享是网络资源的核心理念。就微课目前的发展来讲，其不仅具有网络资源丰富、便捷等优势，而且打破了资源利用的时空限制，实现了教学资源的共享。除此之外，微课还为学生提供了一个网络学习与信息交流的平台，教师在完成微课教学后会把微视频上传到信息技术资源管理中心的网站上，供同行借鉴学习，还可以充分利用同行的经验不断挖掘自身发展的潜力，加强交流与沟通、分析评价，强化教学反思。实际上，这就是现在所提倡的教师学习共同体的一个方面，它由教师群体构成，以网络式的虚拟场景为基础，便于教师进行交流与学习，从而实现教师个体的专业发展。

6. 多元真实

多元主要是指微课资源的多样化，它不仅有微视频，而且有微教案、微课件、微点评、微练习等其他形式的资源。相对于传统的课堂教学视频而言，微课资源的多样化使得整个教学更加丰富多彩。在利用丰富的微课资源时，学生和教师将同时从中受益，一方面，学生可以利用微视频进行学习，并以微练习进行相应的复习巩固，以微反馈的形式进行综合评价，从而使自己的思维能力进一步提高，而且能够提高学生学习的兴趣。另一方面，教师利用微课资源实现教学观念、技能等方面的提升，进而提高课堂教学效率，促进专业成长。

真实主要是指微课现场情境的真实性。微课的设计都会具体到一个真实的而不是虚假的场景之中，进而形成一个与具体的教学内容有机结合的微课堂。这种真实性的场景与现实生活紧密结合，比如，生物教学中的微课场景一般为实验室或实习、实训基地，体育教学中的微课场景一般为体育馆或运动场，并且教师在选择着装、教具时往往会与教学活动主题相一致，这样有助于呈现出微课堂的情境性。

7. 资源使用方便

微课的教学内容一般要求主题突出、指向明确、相对完整。微课以教学视频片段为主线“统整”教学设计（包括教案或学案）、课堂教学时使用到的多媒体素材和课件、教师课后的教学反思、学生的反馈意见及学科专家的文字点评等相关教学资源，构成了一个主题鲜明、类型多样、结构紧凑的“主题单元资源包”，营造了一个真实的“微教学资源环境”。这使得微课资源具有视频教学案例的特征。

大多数学生在这种真实的、具体的、典型案例化的教与学情景中容易实现“隐性知识”“默会知识”等能力的学习。教师在这样的教和学的情境中实现教学观念、技能、风格的模仿、迁移和提升，从而迅速提升自己的课堂教学水平，促进自己的专业成长，提高学生学业水平。

就学校教育而言，微课不仅成为教师和学生的重要教育资源，而且构成了学校教育教学模式改革的基础。

8. 资源容量较小

从大小上来看，微课视频及配套辅助资源的总容量一般在几十兆左右，视频格式须是支持网络在线播放的流媒体格式，师生可流畅地在线观摩课例，查看教案、课件等辅助资源。

除此之外，微课资源也可被下载保存到终端设备（如笔记本电脑、手机、平板电脑等）上实现移动学习、“泛在学习”，非常适合于教师的观摩、评课、反思和研究。

（三）微课在英语教育中的应用

1. 微课在英语教育中应用的意义

微课将高质量且精短的视频授课素材当作根基。全面地展示数字化信息科技时代的优点。所以它在多方面领域内得到了推广使用，并高效地促进了多区域教学行业的发展。我国高校英语授课引入该授课方法，迎合了社会经济进步的潮流及教育方面进展的需要。大学阶段的英语授课也应该改变老旧的授课方式，并且把学生自身的学习需求综合到授课计划里。通过应用多种、丰富的科目素材引起学生学习的兴趣，而且可以适当减少英语解说的时间，使学生可以在高效的指引中主动学习、主动解答。其授课方法的使用适合英语方面授课的需求并可以使学生在短时间之内掌握所学内容的关键点，可以主动将学习时间安排好，与老师、其他学生进行全面的沟通。这一将解答作为目的、提高学生自主学习的授课方法，可以迎合学生各自的学习需要，从而进一步具备高效性及适用性。

2. 微课在英语教育中应用的实践路径

（1）依据学生实际需求，合理设定微课内容

教师应该根据学生学习语言的具体需要来确定微课的开展方式，教育的内容须合理而丰富，以获得预期的教学效果。大学阶段学生学习语言的需求主要有两个方面：一是需要学习一些英语课程的基础知识；二是提高自身使用英语的技能。教师可以以此为目标来设计微课。针对学生学习基础课的需要，微课中要包括大学四、六级考试的相关内容。应根据英语的教学目标，按不同的内容和顺序来设计微课的内容，例如语义知识和篇章结构知识。

对学生进行听力、口语、阅读及写作能力的培养也是英语教育中的目标，教师应该据此目标制作一些相关的微课视频，方便学生根据自己的需要来选择学习。将微课引进教学过程后，教师应当及时建立起一个方便、快捷的交流平台，引导学生在这个专用平台上开展交流，讨论遇到的问题，潜移默化地提高他们参与微课的热情。

（2）重视媒体资源的选择，做好微课权利的保护

微课的教学视频是微课重要的教学资源。所以必须要做到制作精良、选择准确、共享便捷。视频类资源是微课视频的制作基础。目前我国网络上的各类视频资源质量良莠不齐，因此需要制作者针对大学语言教育的需要进行精心的筛选，努力制作出质量上乘、丰富实用的微课视频，让微课教育健康有序地在英语教育中发挥应有的作用。

从法律层面来看，我国的互联网资源在产权保护及共享方面还缺少严格而

周密的相关规定。因此，高校和教师都应提高这方面的意识，在积极投入人力、物力、财力，加快制作微课视频的进度的同时，也要注意保护好属于自己的微课视频的著作权。只有做到发展和保护并举，英语微课教育才能沿着健康高效的道路前进。

（3）重视教育经验总结，完善英语微课教育系统

在英语教育中引进微课的形式，对于促进高校教学改革意义重大。在高校英语教育中推广和运用微课的模式可以推动微课研究的深入开展。学校和教师应当从微课的教育实践中总结经验，不断更新微课的授课内容和教学方法，在教学的过程中发现问题、解决问题、积累经验，争取创建并发展一套科学实用的微课教育理论，使之成为微课教育不断取得进步的基础。直接面对学生的教师应当结合自己的角色优势，边摸索、边分析、边总结，把自己的教育实践经验同微课的教育理论结合起来，努力探索新的可以与微课相辅相成的教学方法，把微课教育的优势充分发挥出来，促进英语教育改革稳步推进。微课具有便捷、开放、活泼、丰富的特色，这种教育模式可以成为大学教育的一种新思路和新方式。在制订微课教育计划时，不仅要与教学目标和计划相符，还要考虑学生学习语言的需求，对课程做出合理的安排，建立起可供学生交流互动的优质平台，以获得预期的教学成效，使得英语教育变得更具实用性。

二、英语慕课教育模式

（一）慕课的定义

所谓“慕课（MOOC）”，顾名思义，就是“大规模网络开放在线课程”，中文将其音译为“慕课”。字母“M”，即 massive，译为大规模；字母“O”（第一个），即 open，译为开放；字母“O”（第二个），即 online，译为在线；字母“C”，即 course，译为课程。与传统课程只有几十个或几百个学生不同，一门慕课课程动辄上万人。慕课以兴趣为导向，凡是想学习的，都可以进来学，不分国籍，只需一个邮箱，就可注册参与。慕课学习在网上完成，不受时空限制。

（二）慕课的特征

随着社会的日益变迁以及慕课发展的日益成熟，慕课呈现出了十分鲜明的特征，具体体现在以下几个方面：

1. 大规模

与规模较小的传统课程相比较，慕课的“大规模”特征集中体现在学习

者的规模基本上没有任何规定，一门慕课课程甚至可能有上千、上万人参加。慕课可以说是数量巨大的学习者、规模庞大的课程范围的综合体。

2. 开放性

慕课的另外一个特征是指其具有开放性。这里的开放性不仅是指参加此类课程主体的开放性，而且还包括开课环境、开课内容、资源信息等来源的多样性。尤其是在美国，慕课更显示出了别具一格的特色，在美国慕课的开展是以学生的兴趣为基础的。因此，这里的学生没有国籍、学历、地位之分，只要对该课程感兴趣都可以一起来参加，且参加此课程的程序也非常简单，仅需一个账号就可以进入该课程的全程学习。

因此，人们给“慕课”下了一个定义，即具有开放性的巨型课程才能被称为慕课。因而，“慕课”学习的性质如下：一种将分布于世界各地的授课者和学习者通过某一个共同的话题或主题自愿联系起来的方法。

3. 非结构性

从慕课的基本内容来看，其依然存在着一些不足之处，那就是绝大多数慕课提供的课程内容是比较零碎的、不系统的。当然，它的独特之处也是十分显著的，如其内容是多种知识系统的“杂烩”，因此它的知识系统是一个类似于“网站”的四通八达知识网络，凝聚了无数专家学者的思想精髓。除此之外，慕课的原始内容并不是一开始就被紧密地联系在一起的，而是通过“慕课”这个媒介而相互交融在一起的，从而构成了一个完美的知识系统。

在通常情况下，没有任何一个西方的学者能够将慕课设计为顶端课程。因为，起初在大多数人眼中，它只是一些热心教育的人士，或者在一些领域顶尖的专家，为传播该领域的知识而提供的“志愿者”服务。或许，在这一过程中，曾经出现过重视慕课发展的学者，但其只是为了达到一定的功利性目的，或是出于授予学位的需要，或是出于建立课程标准的企图，或是为其自身发展谋求一定的福利。

从我国教育的基层出发，目前我国已经突破了微视频的局限，而不仅侧重于提供精准的课后辅导，而是充分突出慕课的“媒介”地位，以实现其课堂性质的转变。然而，在中小学等初级教育体系中，要想教师和学生充分理解碎片化知识中的重点和它的内在逻辑（还可将其称为“基于系统设计的碎片化学习”），这是在教育过程中值得每个人思考的问题。而产生这一现象的重要原因，即在于中小学的课程内容的基础性、原则性，而且以上分析也是东西方慕课发展方向以及发展途径有着巨大差异的原因。

4. 自主性

一般而言，每个主体对同一名词的理解都是不一样的。所以，毫无疑问，自主性从不同的学者角度考虑必有不同的理解。首先，从关联主义的慕课推崇者来看，“自主性”标志着学习者可以根据自身的情况来设定适合自己的阶段性目标；其次，特定的主题限制内，时间、地点、质量、投入的精力等要素都是靠自己把握的；再次，课程学习的形式和程度也都是靠自己来衡量的；最后，其课程考察缺乏准确的标准。当然，特殊情况除外，但值得注意的是，学习者都必须根据自己的真实情况来进行比较准确的评价，总之，这种类型的慕课完全依靠学习者本身的自觉性。

但是，从另外一个角度来看，除了极少数学者的看法，大多数学者都认为慕课的自主性是学习者对自己学习体现出的认真、负责态度的象征。此外，学生进行有效的慕课学习的原理是：从教师规定基本任务出发，学生可以进行自主的探索、研究，并对此课堂的重点进行更加透彻的理解以及积极进行不同个体间的讨论，其中，最重要的是学生必须积极主动地学习。

（三）慕课在英语教育中的应用

1. 打破传统英语教育模式的限制

在现代英语教育实践中，受到时间及外部环境因素影响，很多高校还保持着传统“填鸭式或灌输式”英语教育模式。在课堂教学中，学生人数众多，难以形成良好的教学氛围，英语应用能力也有所差异；同时英语往往采用大班教学，以教材为主，缺少丰富的教学资源支撑，教育模式较为单一，很难调动学生学习英语的积极性。随着现代互联网技术快速发展，出现了一些新的教育工具，如多媒体工具、教学白板等，但这些教学工具只是依据教材内容开发课件，并未完全突破传统教育模式的限制。

慕课作为一种开放性的网络集群教育系统，具有优质丰富的教育资源，将其应用到英语教育中，可在一定程度上缓解英语教学资源不足的现状。慕课还扩展了英语教育的深度与广度，能使用灵活多样的教学方法，结合不同的教学工具，深入开展英语教学活动，能全面激发学生英语学习的兴趣。慕课教学网络在一定程度上打破了传统英语教育的时空限制，学生可根据自身的学习需求，选择多种学习方式，自主学习英语知识，这有利于学生养成较强的自主学习能力。慕课教学资源大多以音视频的方式呈现出来，能带给学生身临其境的学习体验，学生可根据自己的兴趣，自主选择不同的英语知识学习，全面满足学生个性化学习的需求，提高英语的教育质量。

2. 促进教师转变角色，提高教师的英语教育能力

我国英语教育，长期以来都以教师作为课堂教育主导，教师不仅是课堂的组织者，也是知识的实际传授者，教学内容大部分局限在教材中，没有根据学

生的学习需要有针对性地进行教学设计；课程时间较短，对一些重难点知识无法深入讲解，同时也无法针对学生的学习情况引导学生进行英语学习互动，不能全面了解学生的知识掌握情况。

慕课教学大多借助互联网系统完成，是学生自主学习知识、自主发现问题、教师引导学生解决问题的过程。在这种教育背景下，教师从传统的英语教育模式跳脱出来，教学角色发生了转变。从英语知识的灌输者和传递者转变为学生学习任务的构建者，学生学习英语的积极性被充分调动起来。慕课教育要求学生事先借助网络平台学习知识，以小组合作交流的方式解决学习过程中遇到的问题，课后教师借助网络教学平台进行答疑，引导学生自主学习。

慕课对于英语教师而言，是一种全新的教育模式，将其与英语教育融合，教师就要转变教育理念，认识到自身不能再局限于传统课堂教学主导地位，要充分调动学生学习的积极性和课堂活动的参与热情，事先做好课堂教学设计，借助网络教学系统为学生答疑解惑，指导学生自主学习，这样能满足学生自主认知的需求，提高学生的英语学习能力。

3. 在课堂教学中突出学生的主体地位，提高学生的学习能力

传统教育模式限制了学生的个性化发展，学生针对英语知识无法形成完善的认知模式，对很多重难点知识的理解不够透彻，很难把握住英语学习的规律。将慕课应用到英语教育中，有效地改变了这一现状。慕课教育更加突出学生的主体地位，尊重学生的自主选择，使学生选择自己喜爱的学习方式学习英语。慕课网络平台在英语教育中开展层次化教学，每个学生都可以根据自身的学习能力，选择学习资源，从英语学习过程中发现问题、解决问题，有科学的学习目标进行指引，学生随时能通过平台测试评估自己的学习状况，发现自己在英语学习中存在的不足，不断改进自身的学习方法。慕课教学平台特有的互动交流机制能促进老师与学生、学生与学生之间互动交流，共同探讨对于不同问题的意见和看法，这样能提高学生参与英语教学活动的积极性，促进学生保持较高的学习热情。

第四节　英语翻转课堂教育模式研究

一、翻转课堂的含义

“翻转课堂”（Flipped Classroom or Inverted Classroom）是相对于传统的课

堂上讲授知识、课后完成作业的教学模式而言的。它是指学生在课前观看教师事先录制好的或是从网上下载的教学微视频以及拓展学习材料，而课堂时间则用来解答学生的问题、纠正学生的作业，帮助学生进一步掌握和运用所学知识，传统教学过程通常包括知识传授和知识内化两个阶段。知识传授是通过教师在课堂中的讲授来完成，知识内化则需要学生在课后通过作业、操作或者实践来完成。而在翻转课堂上，这种形式受到了颠覆，知识传授则通过信息技术的辅助在课前完成，知识内化则是在课堂中经教师的帮助与同学的协助来完成。自“翻转课堂”第一次出现，一系列的硬件、软件和应用程序制造商已经开发出产品，实现混合学习的过程。因为在很大程度上战略依赖于技术的顺利操作，翻转学习先锋和支持者们总是在寻找工具，以便帮助他们更聪明、更有效地工作。

二、翻转课堂的特征

（一）教师角色发生转变

首先，教师由传统课堂上知识的传授者变成了学习的促进者和指导者。教师不再是课堂的主宰，课堂也不再是教师的一言堂，学生的主体地位在翻转课堂中得到充分体现，教师的主导地位并没有削弱，反而加强了。教师要熟练地掌握一些学习活动的组织策略，比如，基于问题的学习、基于项目的学习、小组学习、游戏化学习、角色扮演等。其次，教师由教学内容的传递者转变为视频资源的设计开发者以及相关教育资源的提供者。在课前，教师需要向学生提供必要的资源，比如相关知识讲解的教学视频、教学课件、其他网络资源等，以便学生对所学知识有较充分的了解。当学生需要帮助时，教师便会向他们提供必要的支持。因此，教师成了学生便捷地获取资源、利用资源、处理信息、应用知识到真实情境中的脚手架。

（二）学生角色发生转变

在翻转课堂教学模式下的个性化学习中，学生成为自定步调的学习者，他们可以控制对学习时间、学习地点的选择，也可以控制学习内容、学习量的多少。学生是整个学习过程的主角，不再是传统课堂上被动的知识接受者。学生在课堂上通过小组学习和协作学习等形式来完成对所学知识的理解和吸收。学生由之前完全的知识消费者转变成知识生产者，掌握比较快的学生可以帮助没有掌握的学生进行学习，承担教师“教”的角色。

（三）课堂时间的重新分配

在课堂中减少教师的讲授时间，留给学生更多的学习活动时间是翻转课堂的又一核心特点。这些学习活动应该基于现实生活中的真实情境，并且能够让学生在交互协作中完成学习任务。将原先课堂讲授的内容转移到课下，在不减少基本知识展示量的基础上，增强课堂中学生的交互性。最终，该转变将提高学生对于知识的理解程度。此外，当教师进行基于绩效的评价时，课堂中的交互性就会变得更加有效。根据教师的评价反馈，学生将更加客观地了解自己的学习情况，更好地控制自己的学习。

学习是人类最有价值的活动之一，时间是所有学习活动最基本的要素。充足的时间与高效率的学习是提高学习成绩的关键因素。翻转课堂通过将“预习时间”最大化来完成对教与学时间的延长。其关键之处在于，教师需要认真考虑如何利用课堂上的时间来完成“课堂时间”的高效化。

（四）“翻转”增加了学习中的互动

翻转课堂大大提升了教师和学生以及学生与学生之间在课堂上的互动。由于学生通过教学视频对要学的课程进行了一定程度的深度学习，所以课堂上主要是学生提问、教师解答和学生之间进行讨论交流等，这充分提升了学生在课堂上的主人翁意识，使其能够积极地参与到学习过程中。当教师进行评价时，课堂中的交互性就会变得更加有效。根据教师的评价反馈，学生将更加客观地了解自己的学习情况，更好地控制自己的学习。

三、翻转课堂在英语教育中的应用

（一）翻转课堂应用于英语教育的意义

英语是交互性很高的学科。英语的应用能力主要有听、翻译、说、读、写等能力。为了提高这些能力，需要很多记忆、练习和复习，还要长期积累，这要求学生投入大量的时间和精力。学习能力较高的同学，可以通过翻转课堂，更有效地解决这些英语教育的问题。其中之一，学生可以在上课前自主学习，腾出更多的课时来实行。在老师和学生之间交流的过程中，可以提高英语的听、说、翻译能力，教师可以组织英语作文的讲评和相互评价，提高学生的英语写作能力。同时，学生在上课前可以反复看自己的难题。阅读和推测不仅增强了自主思考，也解决了不同学生的个性教育问题。学生中也有没学会的人，这种模式很好地解决了“跟不上”的现象。

（二）翻转课堂在英语教育中的应用策略

1. 明确翻转课堂在英语教育当中的教学内容

在英语教育中，要实现翻转课堂教育模式，首先要明确翻转课堂的教学内容。这就要求教师在教学中应该把教学中心放在新知识的讲授上、语法分析以及问题设置上，将原本通俗的内容变得更加生动形象，激发学生们的学习兴趣和学习热情。

2. 设计翻转课堂的重点问题

为了使学生们能更充分地理解课文内容，提高学生们学习的自主性，就需要学生们设计翻转课堂的重点问题。

3. 设计科学的教学情景

教学情景的营造对提高学生们的学习兴趣至关重要。

4. 积极开展互动游戏教学

该策略的实现是为缓解学生学习压力创设的。通过积极开展互动游戏，既提高了学生们的学习兴趣，营造良好的学习氛围和课堂气氛，也为翻转教学在英语教育中的应用起到推动作用。

第四章　互动视角下的英语教育模式

在英语课堂教学过程中，传统的教育方式无法满足具体的教育工作要求，教师应总结出相关的工作经验，并根据学生的学习特点和规律，正确地运用教学互动，促进各方面教学质量和水平的提升。

第一节　互动式教学概述

一、互动式教学的理论依据

（一）国外相关理论依据

1. 建构主义理论

建构主义理论，是瑞士著名心理学家皮亚杰（Jean Piaget）是在长期从事儿童智力发展研究中所提出的认知发展理论。其中，“图式”（Scheme）是该理论体系的核心概念，它的形成和变化是认知发展的实质。20 世纪 80 年代后期，建构主义理论风靡于欧美，之后，该理论以其独特的教学理念、重要的理论与实践价值迅速波及各个学科领域，尤其对教育学科领域产生强大冲击力，成为现代教育界的热门话题。20 世纪 90 年代，世界各国的教育改革方案中都把培养学生的创新精神和创新能力作为教学工作的关键。学习不仅仅是知识由外到内的转移和传递，还是学习者主动地建构自己的知识经验的过程。其主要观点包括：

（1）新知识观

课本知识只是一种关于各种现象较为可靠的假设，而不是解释现实的“模板”。课堂上不能用专家、教授、课本的权威来压服学生，也不能以知识的正确性、真理性的强调作为让学生无条件接受的理由，而应通过学生自己对知识的建构来达到对知识的“接受”目的，以学生的社会阅历、生活经验、内心信念为背景来合理分析所学知识。

（2）新教学观

其核心思想是让学生通过问题解决来学习，主张教师与学生、学生与学生之间进行丰富而多向的交流、讨论或合作来解决问题，认为合作学习、交互教学很有利于学生的能力构建。

（3）新学生观

学生在以往的学习和生活中，已经具有了一定的经验和体验，作为教师，在教学中应把学生现有的知识经验作为新知识的生长点，重视学生对各种问题现象的不同见解，倾听学生的多样看法，洞察学生对各种想法的由来，并以此为根据，引导学生丰富或调整自己的理解。

2. 人本主义学习理论

人本主义学习理论强调学生自主学习、协作学习，自主建构知识意义。其主要观点包括：①学习是一个主动的过程和愉快的事情，每个人都具有自发学习的天然倾向。②主动、自发、全身心投入的学习才会产生良好效果。老师在安排学生学习时，只需要提供学习活动的范围和各种学习资源，由学生自己确定学习目标，探索发现结果，这有利于启发学生心智，提升其学习能力，培养其学习兴趣，达到知、情、意并重的教育目的。③意义学习或经验的学习是最重要的学习。④学生自评学习结果，有利于他们养成独立思维能力和创造力。⑤在较少威胁的教育情境下才能有效学习。⑥重视生活能力的学习，以应对变动的社会。

3. 有效教学理论

该理论源于二十世纪上半叶西方的教学科学化运动。有效教学，是指教师在达成教学目标和满足学生发展需要方面都获得成功或表现俱佳的教学行为。这一概念可以理解为：一是促进学生的学习和发展是有效教学的根本目的，也是衡量教学有效性的唯一标准；二是激发和调动学生学习的主动性、积极性和自觉性是有效教学的出发点和基础；三是提供和创设适宜的教学条件，促进学生形成有效学习是有效教学的实质和核心。显而易见，有效教学理论的核心是教学的效益。它关注的是学生的发展或进步，重视教学效果，要求教师在课堂上应正确处理好教学质量、教学的适应性、教学诱因、教学时间与效益的观念。有效教学同时需要教师具备一种反思的意识，要求每一个教师不断反思自己的日常教学行为。有效教学也是一种很好的教学策略，要求教师掌握有关的策略性知识，能根据具体教学情景灵活做出对策。

（二）国内相关理论依据

1. 孔孟的教育思想

孔子曾说，“知之者不如好之者，好之者不如乐之者”，这是互动教学的精髓所在。在《论语》中，包含了许多孔子深刻的教育教学理论和丰富的教学经验总结。一是启发诱导。孔子认为掌握知识应是一个主动探索领会的过程，因此，让学生主动思考、回答问题是孔子在教学实践中特别重视的一个方面。二是因材施教。孔子平常注重观察学生、全面了解学生，对学生的个性、特长、优缺点了如指掌。因此，他在教学过程中，能够从学生的具体实际出发进行引导与教育。三是学思并重。学与思是学习过程中的两个基本环节，孔子对二者都很重视。他认为，“学而不思则罔，思而不学则殆。”因此，一方面，孔子强调“学”的重要性，反对思而不学；另一方面，又强调“思”的重要性，反对学而不思。孟子则从“尽心、知性、知天”思想出发，认为知识的学习，并非从外而来，必须经过自己主动自觉的努力钻研，才能实现对知识的彻底领悟；同时还认为，深造自得必须注意由博返约。即让学生通过广博学习，详细解说，对知识融会贯通之后，再回到简略地述说大义的地步，这是一种重要的思维方法、学习方法和教学方法。

2. 陶行知的教育思想

大力倡导创造性的教育是陶行知教育思想的特色，致力于开发学生的创造力是陶行知教育理论的起点和归宿。其教育思想的主要观点如下：一是解放空间，让思维自由延伸。强调教师在课堂教学中除了充分调动学生参与课堂问题外，还要给学生留足够思考的时间，把他们的思维在其间纵横千里，乐在其中。二是质疑问难，让思维求异发散。

二、互动式教学实施的原则

（一）普遍性原则

创新精神和实践能力的培养要面向全体学生，体现其普遍性原则。创新潜能不是少数尖子生独具的。每个学生都具有创新的潜能，关键在于教育的开发。因此，教师应善于发掘蕴藏在学生身上的创造潜能，并将期待的目光投向每个学生。

（二）差异性原则

创新精神和实践能力的培养必须充分考虑到个体间发展的差异，应针对不同层次学生的具体情况，制定不同的学习目标、学习内容和方法。学生的创新与成人的创新活动是有区别的，其创造的价值更多地表现在学习过程中，教师应主要促使他们通过自主探究去获得成功的体验。因此，教师在组织学生开展创新实践活动时，一定要从他们思维的实际发展水平、知识基础和生活经验出发，目标不要过高，内容不要太难，不可将“苛求”当成“严格要求”。

（三）活动性原则

教师要注重通过开展各种活动，如动手操作、实践探索、调查研究等来培养学生的创新精神和实践能力。在学习过程中，基础知识和间接经验的学习是十分必要的，但问题探究的过程远比直接获得结论更重要。“在黑暗中摸索”要比“等待火炬引路”更有益；奋发进取要比坐享其成更可贵。

（四）激励性原则

在创新精神和实践能力的培养过程中，教师应注重运用激励性评价的策略激发学生的兴趣、好奇心、求知欲和想象力，并要全力支持他们质疑问难，绝不能置之不理，横加干涉，甚至一味地指责。要使激励性评价真正成为“培养创造精神的力量”。

三、互动式教学实施的程序

当前，一些高校的大学英语教学模式不适应大学人才培养的基本要求，出现了一系列弊端。因此，大学英语教学必须破除以讲授为主线，培养知识型人才为取向的传统教学模式，走出一条以培养学生英语应用能力和高素质为目标的新路。建构大学英语互动教学模式，加强师生间、生生间的互动合作，使学生在轻松愉快的学习情境中，获取知识，提高能力，并培养其积极的情感态度，实现其全面可持续发展，为培养社会需要的具有英语应用能力的高素质技术应用型人才做贡献。

每一种教学模式都有其特定的操作程序或逻辑步骤，它明确了在教学活动中，师生先做什么，后做什么，以及在各个步骤应完成的任务。大学英语互动教学模式力求打破以讲授为主的传统教学模式，适应大学生的特点，突出互动，使学生在丰富多彩、形式多样的互动活动中，获得英语语言知识和应用能力，培养合作交往能力和积极的情感态度，构建营造语境—自主学习—合作学习—点评归纳—课外拓展的教学程序。

（一）营造语境

在传统教学模式中，为了充分利用课堂时间，教师往往开堂就讲，而大学生英语水平整体较差，学习积极性和主动性不强，为了使学生在进入英语课学习之前，保持一个积极兴奋的状态，那么，如何在进入新课前更好地激发学生的学习兴趣，就显得尤为重要。因此，大学英语互动教学模式应首先根据对教学目标和教学内容的整体把握，营造语境，以旧引新。可以通过提问设疑、自由讨论、角色表演、图像展示等创设交往互动和问题求知情境，营造英语氛围，激发学生的学习兴趣，使其尽快进入角色，全身心地投入语言实践和思维活动中去。然后通过所创设的与当堂课相关的语言情境导出新课内容，并明确学习目标，让学生明确本节课应掌握什么内容和应达到什么标准。

该环节主要是师生间的互动，实际上，是在引导学生的思维，促使学生产生期望、进取、达成目标的心理倾向，调动他们参与教学互动的积极性和主动性，让学生带着学习动机进入下一步的学习。

（二）自主学习

在传统的教学模式中，学生只有静静听讲的权利，而没有思考的自由，缺乏学习主动性。古人云："授人以鱼，不如授人以渔。"教师应该注重培养学生自主能动地进行学习的意识和能力，教给学生语言学习的规律和方法，要善于启发学生思考，帮学生培养未来独立学习所需的技巧和能力。互动教学模式把这视为必要环节，留给学生独立思考、自主能动学习的时间，允许学生根据自己的能力水平、个性特点，自主地、能动地、自由地、有目的地进行独立思考，自主尝试解决问题，突出个性化学习，真正确立学生的主体地位。

这个环节主要是学生与英文文本信息之间的互动，使学生通过独立思考，自主能动学习，将新知识与旧知识、纵向与横向知识，以及此类与彼类知识相互联系，造成认知冲突，形成独到的见解，培养他们独立思考能力和自主学习能力，提高其学习主动性，并为下一步的合作学习奠定良好的基础。但要防止学生相互间的合作交流没有深度，流于形式。

（三）合作学习

传统的教学模式是填鸭式教学，以教师教为主，而互动教学模式更注重师生、生生间的交流互动。合作学习这一环节是在学生自主学习、初步感知的基础上，开始合作互动。首先进行小组研讨，教师要根据学生的基础和自学情况，确定适合学生知识水平的讨论主题和要完成的任务，明确要求。通过启发、引导和激励，让学生围绕中心议题，发挥想象力和创造力，尽情地发表和交换各自的观点，相互启发、检查交流、吸收完善，发扬团队精神，通力合作，力求出色地解决问题、完成任务。

小组研讨之后，是展示小组成果、组间交流的阶段。教师要采用各种激励措施，鼓励学生充分展示他们自主学习和小组合作中知识建构的成果，发展他们思维的深刻性与广阔性、灵活性与创造性。通过集中交流共同解决问题，积极主动地获取知识，这远比教师直接灌输要好得多，因为它能让学生充分体验成功的愉悦，保持旺盛的学习热情，激发内在的潜能。

此环节主要是生生间的互动，不仅使每一位学生都可以在课堂上大胆地、尽情地交换各自的看法，提高他们的自学能力和思维能力；而且在不知不觉中，学生们的语言知识得以建构，语言应用能力得以提高，更重要的是，培养了学生团结、合作的精神，增强了自信。

（四）点评归纳

传统的教学模式，一般都是教师独自对整堂课进行点评归纳。而本模式引导学生参与这一过程，充分发挥学生的主体作用。在组间交流后，按一定的标准，通过学生自评、师生互评等手段，来对学生的学习成果进行全面、宏观、准确的评价。评价的过程其实就是对整节课反思的过程，在此基础上引导学生将各组的观点、答案进行整理、分析、归纳和概括，由此形成共识。总结时，按照本堂课教学目标，首先由教师引导学生总结，然后教师再单独进行补充归纳，总结知识和学法，使学生将所学知识主动纳入自己的认知结构中。此环节主要是师生、生生互动，能促使学生积极地思考，激发学生参与的兴趣，通过对当堂课所接触的新语言的反思、评价、归纳、总结，达到巩固强化和查漏补缺的目的。

（五）延伸拓展

传统教学模式一般都围绕课本进行教学，不能激发学生的学习兴趣，也不能开拓学生的视野和思维。而在大学英语互动教学模式中，互动教学还可以延伸到课本知识和课堂教学之外。延伸拓展环节，是使学生对已知知识进行拓展和升华，对未知信息进行收集和探索的过程。

在总结完本课所学知识后，如果课上还有时间，可以根据当堂课所接触的语言项目和应完成的语言功能，设计相关的拓展任务。例如组织学生分组讨论或辩论与本课相关的拓展性问题，或进行拓展性练习的群测和自测等，以使学生进一步巩固知识，举一反三，并激活学生的想象力和创造力，发展他们的实际应用能力。

由于课堂互动会受到教学时间和空间的限制，还可以将其延伸到课外。课外活动是丰富学生精神生活、扩大视野、拓展创新、陶冶情操的有效阵地，课堂互动必须同课外互动结合起来。学生在许多课外活动中，可以不受教材范围、活动时间和教师倾向的束缚，独立地、自主地发展。与传统教学模式布置作业不同，大学英语互动教学模式的课外活动也要充分地体现互动，讲究内容的丰富新颖、形式的灵活多样以及教师的指导得当。

此环节主要是生生互动和学生与英文文本之间的互动，可以大大拓展互动的时间和空间，促使学生获取知识，拓展能力，培养学习积极性和主动性。要说明的一点是，此操作程序的各个环节之间具有逻辑性，但并不是一成不变的。可以根据这一总的思路，在不同课型的应用中做适当调整，使其更有效地为大学英语教学服务。

第二节　基于互动的英语情境教育模式

一、情境教育概述

在教师创设的具体教育情境中，师生之间的互动会更为频繁，从而利于教学目标的顺利达成，可以说，情境的创设为互动教学的顺利开展提供了条件。

情境教育是指教师有目的地引入或创设具有一定情绪色彩的、以形象为主体的生动具体的场景，以引起学生一定的态度体验，从而帮助学生理解教学内容，并使学生的认知水平、情感状态等得到优化与发展的教育方法。情境教育的核心在于激发学生的情感。在情境教育活动中，并不是追求形式的生动，而是让学生通过自身的活动，充实教学内容，丰富教学形式，让学生在乐中学、趣中做、动中思。教师应将活动贯穿于教学过程中，不能游离于教学内容外，并且要突出教学重点，针对课程内容特点，突破教学难点，还要有鲜明的学科特点，与能力相结合，从而充实学生的活动内涵。情境教育最能够影响学生的就是所有的情境展现都是经过教师筛选、提炼，经过巧妙设计后应用在课堂中的。

因此，情境教育的基本要素，可以概括为：教师、学生、情境、方法，这是构建课堂情境过程的“四要素”，每一个要素都会影响到情境教育的质量水平。

（一）情境教育的基本特点

1. 丰富学习者的感性认识

情境教育要求学生在与对象相互作用的过程中进行学习，符合建构主义理论的基本原理。对象可以分为两种情况：实物对象与问题对象。实物对象是指对象为真正的实物，学生在与对象作用的过程中会得到或对或错的反馈，在反馈的作用下，学生得到的是第一手的反馈资料，其感性认识自然很丰富。问题对象是指学生相互作用的对象只是一个问题，学生必须根据背景条件和知识结构来回答问题。问题回答的结果是学生自己思索得到的，会使得学生知识结构中原有的感性认识和理性认识得到重新调整，同时会产生新的感性认识。这个过程也是对学生感性认识的丰富。

2. 培养学习者的迁移能力

迁移是一种学习对另一种学习的影响。学习者只有懂得如何把知识应用于不同的情境中，迁移才会产生。教师在教学过程中应该让学生在不同的情境中应用，通过教给学生在各种情况下应用规则、方法和所需的知识并提供反馈，使学生了解技能和策略如何从不同的方面给他们带来了方便，使学习者对所学的知识的意义有一些感性的认识。情境教育的背景作用往往很神奇，它能使学生的情感体验得到控制和调整。背景也可以分为两种：真实背景与描述背景。真实背景是指学生活动的背景是未经教师特殊处理的原始的自然场景或社会场景。真实背景对学生的作用往往是多方面、多层次的，在这种背景下活动，学生的情感体验会非常丰富。描述背景是指学生的活动背景是由教师专门创设的，它具有较好的针对性，只要操作得当，学生也会得到丰富的情感体验。

3. 培养学习者的个性

学生个性发展的完善与否就要看学生的角色扮演是否丰富，而情境教育要强调的一个重点就是角色扮演的多样性。角色也可以分为两种：欣赏角色与参与角色。欣赏角色是指活动者只是从旁观者的角度去活动。这里的活动主要是指观察和各种体验。参与角色是指学生是活动的主角，他们通过自己的活动来获得发展。情境教育就是要提供这两类角色扮演的机会并不断变换，才能推动学生的个性朝着完善的方向发展。

4. 合作建构意义

情境教育的另一个重要的特点就是需要个体之间的协作，在协作中完成意义的构建，使每一个人都能获得自己独特的见解。这就给学生提供了非常多的情境和交流的机会，并使他们认识到情境的重要性，亲身体验到情境和交流的巨大作用。情境对学生迁移能力的独特功效又能有效地训练学生的基本技能。

这种训练可以是针对全体学生的，不同的学生采用不同的训练策略，保证面向全体学生。学生的个性发展有了保证，才能更深一层地培养创造力。个性的培养在情境中特别有效，因为这时学生的活动才是自由的，自由的才是生动活泼、积极主动的。当学生的个性得到充分发展时，学生的创造力才有可能得以发展。

（二）情境教育的原则

1. 真实性

情境的创设应以真实性为原则，以生活情境为基础进行创设。所创设的情境要与学生自身的生活情境有紧密联系，而不能脱离于生活。这样才能还原真实，让学生身临其境，把所要学习的知识和生活紧密融合在一起，让学生在学习活动中做出真实的表现和反应，增强其感受性，这样才会对语言的学习起到积极的促进作用。

以往的语言课堂仅限于传统的教学方法，课堂上以教师为中心，忽略了与学生的互动，教学重点则注重在单词及语法规则的解读，以至于造成学生在学习过程中死记硬背，过于模式化，从而无法及时了解学生在学习过程中的心理活动和学习进展情况，无法较正确的对实际的课堂效果做出分析、反馈和和评判。作为教学的重要环节，课堂反馈能够帮助教师了解教学效果，对教学工作进行调整。情境创设越真实，越贴近生活，越能更直接的了解学生与生活环境的相互影响。

2. 情境性

语言学习的实际目的是用来交际的，无法达到这一实际目的的语言教学活动是不成功的。情境教育更注重于教师与学生、学生与学生之间的互动，学习的完成不是孤立的。课堂教学时要突出学生的主体地位，尊重学生个体差异性，在语言教学活动中的情境创设要有互动性和平等性，以提升学生的认知能力为目的，有效地把学生的抽象思维和理性思维结合，把认知活动与学生的交际活动紧密联系起来。创设具有“交际性”的情境，使学生对学习内容发生兴趣，激发学生运用语言表达的欲望，参与到情境中来，并能够和同伴一起分享、交流自己的想法，从而产生更多的想法，是学生之间能够互相理解对方。

语言教学活动在完成语言知识教学的同时，可以组织学生参加各项实践活动，注重、提高语言的实践性。情境教学法在课堂中的创设可以借鉴多种交际形式，通过这样的方法使学生在交流中掌握灵活运用的能力。

3. 兴趣性

激发学生的学习兴趣，使学生在教学过程中对知识产生求知欲望，同时，在学习过程中也会带着积极的情绪去探索和实践，给学习活动带来愉快的体验。

因此，情境的创设应该避免单调、机械地重复，要具有趣味性和生动性。通过情境教育的实施，为学生创设一个生动、有趣的课堂氛围，让学生在这样的氛围中自主的探求知识并获得良好的情感体验。进而使学生对知识点的掌握快速并且牢固，提高教学效率。外语的学习同样要提高学生们的学习兴趣，有了兴趣，学生就会主动的进行语言的输入，对于所接收到的语言信息，才会更加深刻的理解记忆。

4. 创造性

教师通过教学，把学生带入到一个个崭新的“情境”中，让学生始终保持好奇心，让学生眼前不断出现崭新的画面。而创造是对情境的再一次改造，要创造出新的情境，培养学生开拓的思维非常重要，教师要引导学生发挥想象力，让学生潜在的创造力发挥到最大限度。情境创设既要和实际生活相结合，也要和学生的思维相结合，丰富多彩、情感丰富的情境，使学生既爱想，又爱学，更让学生们的思维多方向、敏捷的发展，使得学生始终处于创造性思维积极活动的最佳心理状态。课堂之外，还可以开展英语翻译大赛、演讲比赛、影视配音比赛、情境剧比赛、日本民俗知识竞赛等，提高英语听说读写的能力和语言运用技巧。

（三）情境教育的基本方法

1. 实物演示

教学素材以实物为中心，简单设置背景，形成一个整体，用来演示教学特定的情境，这是情境教学法比较常用的方式之一。

2. 图像再现

形象的展示，可以使用图像再现来进行，用图像展示教学内容的情境，实际上就是把教学内容形象化，教学内容可以采用多媒体设备来再现课文情境。理论知识教学时，将图像展现融入其中，进行多方面的情境再现，体现出情境教育的应用功能。

3. 音乐渲染

音乐给人的感官刺激是神奇的、强烈的，能够刺激学生产生丰富的联想。课堂教学过程中，结合课程内容进行适当的音乐渲染。以音乐所拥有的独特魅力所创造出的意境，使学生在轻松的气氛中获取知识。通过音乐来渲染情境有很多途径，可以直接播放已有的乐曲、歌曲，也可以教师与学生互动，共同演绎与课程内容和情境相符的乐曲。

4. 表演体会

情境教育中的表演，可以通过“进入角色”和“扮演角色”进行。“进入角色”指将自己带入到课文中的角色，假设自己是某某某；“扮演角色”则是对课文中的某一角色进行表演。学生通过这样的角色带入和实际表演，对课文中出现的角色产生亲切感，能够真切体会角色感受，自然的加强内心体验。

5. 语言描述

情境教育十分注重直观手段与语言描绘的结合。情境出现的同时教师加以语言的描绘，具有一定导向性的启发学生的认知活动。语言描绘有助于提高学生对知识的认知，并且通过带有感情色彩的语言描绘更加鲜明地突出情境，作用于学生的感官。学生因感官的兴奋，主观感受得到强化，从而激起情感，促进自己进入特定的情境之中。随着学生年龄的增长，直观手段逐渐减少，单纯运用语言描述带入情境增多。

二、情境教育模式在英语教学中的实践应用

在英语教学中应用情境教育模式，需要专业教师在日常教学实践中不断进行探索，最大限度地将教学方法细化，从细微处入手，以提升教学效果为主要目的。一般而言，情境教育模式主要有角色扮演、课堂游戏、演讲朗诵、节目表演、影视欣赏以及观光旅游等多种实现方式，从而在寓教于乐的过程中，对学生产生潜移默化的影响。因此，在日常教学过程中，教师应当理论联系实际，切实将课堂教学与情境教学有机结合起来，从而尽可能提高大学英语教学的效果。

（一）英语教学中情境教育模式的课堂化实践

和普通的课堂教学比起来，情境教育模式的表现方式明显有所不同，但因为英语教学的特殊性，情境教育可以和课堂教学有机结合起来。具体来说，从教学方式的角度来看，二者并无好坏或者主次之分所以，不管是在课堂教学中采取情境化方式，还是将情境在课堂中表现出来，其目的都是为了将两者的优势结合起来，以便最大限度地发挥教学优势。实际上，情境教育模式的最大优势就是可以做到以人为本、以生为本，培养学生的学习兴趣，激发他们学习英语的积极性，而课堂教学则可以在相对固定和封闭的时间和空间中，系统性地向学生灌输各项知识，因此，二者的结合就可以变被动为主动，促进学生更好地学习英语知识。

当前英语教学活动中，演习式教育模式和情境式教育模式应该被重点推广，这是因为演习式教育模式更加重视实践性和研究性学习，其可以在教学过

程中重点围绕发现的教学问题，组织学生和教师一起探讨解决。并且，因为探讨活动覆盖了班级全体学生，所以问题的探讨也更加多样化和层次化，对问题的认识也能够更加深刻。一般来说，演习式教育模式主要包括以下几个方面：发现问题——提出问题——小组讨论——各组辩论——评价总结，采用演习式教育模式非常适合用于探讨英国当地的政治经济文化、社会自然环境等方面的内容。

（二）英语教学中情境教育模式的校园化实践

和大学当中学习的其他课程比起来，英语教学对于外部环境的依赖更强。为此，大学英语教学需要重视营造整体的学习氛围。但是，当前不少教师在英语教学过程中，仅仅只依赖课堂教学，甚至还有个别教师将备课也放到课堂当中来，这就导致学生在学习过程中存在集中性和阶段性，但这恰恰是对语言学习长期性要求的违背。有鉴于此，大学英语教学过程中，教师应当积极将课堂教学向外部进行扩展，尽可能将课外时间利用起来，带动校园形成学习英语的良好氛围。

此外，学校还应当结合自身实际条件，将课外的英语学习分为长期性项目和短期集中式项目。在这当中，长期性项目应当严格按照英语学习的基本规律进行，通过长期的积累和练习来增加英语知识的储备，长此以往，必然量变引发质变。具体来说，教师可以在班级内组织开展阅读活动，每天都固定时间要求学生进行阅读训练，日复一日的进行知识储备。短期集中式项目可以看成是对长期性项目实施情况的检验与考核。比如，教师可以组织开展各类英语比赛，如演讲、小品、话剧等，通过开展这些项目，还可以切实丰富学生的历史文化知识，为学习英语奠定良好的基础。

（三）英语教学中情境教学模式的生活化实践

众所周知，语言脱胎于实际生活当中，一种语言可以在很大程度上体现出一个民族的性格和文化。同样，大学英语教材中选取的内容也脱胎于当地民众的生活实践，为此，想要提高英语教学的效果，就必须将教材的内容和现实生活联系起来，设计诸多的情境来还原生活，从而提高英语学习的实效性。需要说明的是，由于受到信息技术的影响，当前绝大多数学生的日常生活已经划分为现实社会和虚拟社会两种表现方式，因此，情境教育模式的生活化也应当从这方面做起：首先，在现实生活方面需要介入英语教学过程的内容包括有：文化的介入、习惯的介入、风俗的介入、语言表达方式的介入等。其次，在虚拟生活方面，当前几乎全部的高校在教学过程中都会广泛使用多媒体教学的方式，但因为课时有限，学生很难从有限的多媒体课件中获得足够的知识。但借助网络却可以自由和免费的获得诸多类型的信息，且信息更新非常及时，因而深受语言学习爱好者的推崇。如果在日常教学过程中能够很好地利用网站开展学习，无疑会很好地激发学生学习英语的兴趣。

（四）英语教学中情境教育模式的专业化实践

大学英语教学中，教师必须努力提高自身综合素质，尽可能适应当前英语教学的潮流。这就要求广大教师必须充分发挥主观能动性，努力在日常的生活实践中不断汇集英国的民俗文化和生活文化知识，之后再通过创设情境来提高学生的学习积极性和主动性，切实提高英语教学的效果。换而言之，情境教育模式实际上是将教材上抽象的知识生动化、形象化的过程。不仅如此，教师还应当对学习材料进行相关的信息分析，引导学生进一步对西方文化进行理解，从而从源头上提高学生的语言应用水平。另外，在大学英语教学中应用情境教育模式，还需要重视互动和共鸣的作用，重视激发学生的学习兴趣和培养学生的良好学习习惯。

总而言之，在大学英语教学中应用情境教育模式，需要和日常的生活实践紧密结合起来，使情境教学课堂化、校园化、生活化以及专业化，只有这样，才能切实提高学生学习英语的兴趣，也才能有效提高他们的语言应用水平。但需要注意的是，情境教育模式包含的内容非常广泛，需要专业教师在日常教学实践中不断进行探索，最大限度地将教学方法细化，不断地提升教学效果。

第三节　基于互动的英语任务型教育模式

一、任务型教育模式的本质特征与价值

（一）任务型教育模式的本质特征

任务型教育模式是基于任务或以任务为基础的教育模式，因此它包含着任务的所有特征。在实际教学中，我们还可以通过以下特征来了解其本质：一是任务型教育模式以语言为中心，通过完成任务来学习语言。二是学生是教学活动的中心。在任务型课堂中，教师同样起着重要的作用，但并不是教学的中心，任务型教育模式强调以学生为教学中心。三是学习活动以表达意义为主。

任务型课堂教育模式中，学生以表达意义为主，而不是操练语言形式，传递信息、发表观点和意见都是表达意义的内容。学生在会话过程中所说的话都是事先毫无准备，别人并不知道的内容。四是鼓励学生创造性地使用语言。在任务型教育模式中，学生在语言运用方面有着极大的自由性，想说什么内容，以什么样的形式说都可以。在进行语言交际的过程中不在乎其准备性和正确性，而是让学生把重点集中在意义的表达上。完成任务的结果可以不完全相同，学生可以有各式各样的答案。五是允许课堂教学活动之间的联系。在任务型课堂教育中，可以把一节课当成一个整体任务来设计，再把这个大的任务分成若干小的任务，让学生按小的任务排列，这样形成一个任务链，前一个任务是后一个任务的准备或基础，后一个任务是前一个任务的延续或发展，层层联系，形成一个大的任务环。

（二）任务型教育模式的价值

1. 增加语言的输入和输出

语言的使用能力不是教出来的，而是随时间推移，接触到理解性输入后自然形成的。因此，在语言习得的过程中，提供足够的可理解的输入是非常必要的。实现语言习得，语言输入是必要条件，但并不是充分条件；要使学习者达到较高的外语水平，除了依靠可理解输入，更需要可理解输出。只有这样，才能帮助学生提高使用语言的流利程度，才能使学生意识到自己在语言使用时存在的问题。可见，大量的语言输入与输出是语言习得所需要的理想状态，而任务型教育模式所追求的目标就是为学生提供关注语言形式的机会。

在课堂上实行任务型教育模式，通常以小组活动或结对练习为主。由于课堂活动时间有限，采用这种交流活动可有效增加语言的输入。相应地，语言的输出也会增加。此外，学生可能会在课后各自搜集不同的资料，搜集完成之后将这些资料跟同伴分享。这就使学生接触语言的机会大大增加，不仅有助于培养学习者的自主批判性思维能力，还可以提高学习者的交际策略与学习策略能力，同时各种学习任务还可以使他们的学习资料得到充实、丰富。

2. 改变学习环境和学习方式

（1）学习环境的改变

满意的教学效果离不开良好的学习环境。我国传统的教育模式没有将学生的个人兴趣、价值观和人生目标等进行综合考虑，且严肃有余，活泼不足，因而难以调动学生的积极性。任务型教育模式下的课堂具有轻松活跃的气氛，学生在这样的学习环境中学习，才会消除心理上的障碍，产生积极的情感，激发学生的学习兴趣和学习动机，使他们参与到任务中来，乐于思考，敢于探索，并体会到任务完成后的成就感和乐趣。

采用任务型教育模式在学习环境方面可以带来如下变化。

①课内学习环境——调动学生的学习主动性。

②课内语言环境——创造语言的运用机会。

③校内学习环境——建立师生平等和谐的关系。

④校外学习条件——大量增加接触与运用语言的机会。

（2）学习方式的改变

任务型教育模式的主要学习方式是小组学习。小组学习的好处有以下五点。

①在小组学习中学习者使用目的语言的总量增加。

②学习者使用的目的语质量提高。

③个别指导的机会更多。

④语言的环境更轻松。

⑤学习积极性提高。

可见，小组学习对学生的学习具有积极的促进作用，对中国大班制的英语教育模式更是具有特殊的意义。它大大增加了每个人的语言实践机会，创造了宽松的语言学习环境，集体荣誉感和来自同辈的压力也有助于提高学习积极性。此外，通过小组活动，还可以有效培养学生的互助合作和团体竞争的精神。

3. 实现互动性课堂教育

任务型教育模式的本质特征之一就是互动性。以任务为本的教学可以实现真正的互动性课堂教育，利于英语课堂教学质量的提高。真实的互动性课堂教学主要有以下几个方面的特征与优势。

（1）角色的动态性

在真实的互动性课堂教学中，无论是教师还是学生，其角色都是动态的。互动式活动可分为以下几个阶段，即启动、展开、深入和结果等阶段。

①启动是活动的第一阶段。在这一阶段，教师作为设计者，不仅要考虑整个教学活动的形式与语境，还应考虑到学生、语言材料等因素。同时，教师应带领学生参与设计，将他们的兴趣与观点加入其中，以使课堂活动与他们的兴趣需求相符合。

②展开是活动的第二阶段。在这一阶段，教师为学生提供必要的指导，他们的第一角色是组织者与辅导者，同时，教师也是参与者，与学生共同创造轻松和真实的交际环境。对学生来说，他们的第一角色是参与者，同时，学生也应是组织者和辅导者，如组织自己的小组活动等。

③深入是活动的第三阶段。在这一阶段，教师应注意激发学生参与的兴趣，促使学习活动继续下去，因而是学生学习的促进者；学生则是问题的发现者，他们积极想象、探究和创新，把活动推向更高层次。

④结果是活动的第四阶段。在这一阶段，教师是评价者和观赏者，他们对学生的表现进行综合评估，表扬其优点，指出其不足，鼓励学生持续发展；学生既是成果的评价者也是观赏者，同时，还应注意逐渐实现对自主学习和自我评价的模式的适应。

（2）互动的多维性

在传统的教育中，大部分教师都是采用“满堂灌”的教育模式，不得不说，这种教育方式有它的好处，可以在一堂课的时间内让学生学习到更多的知识，但是这种知识的传递仅仅是教师单向的输出，并没有与学生形成互动。在任务型教育模式下，互动是多维的，师生、生生、个体与群体之间都可以进行互动，显然这种互动的方式是多层面的。在这种多维的互动背景下，教师与学生之间的关系是平等的，并且共同参与了课堂活动。

（3）合作共享

采用任务型教育模式，可实现真实的合作共享。具体来说，合作包含以下两层含义。

①信息传递过程中师生之间、生生之间互相填补信息差。

②处理信息时，师生之间、生生之间资源共享。

只有存在信息差，才会有合作的产生，所以为了真正实现合作共享，我们在设计课堂活动的时候就应该关注到信息差的重要作用。对于合作共享的实施来说，如何去组织活动是至关重要的，在任务型的教育模式下，我们一般都会将学生划入不同的小组中，这样就可以让课堂发挥出更好的效果。

（4）体验创造

在学习的过程中，学生会在真实的交流中去运用自己所学的语言知识，这样就可以表达出自己内心真正的想法，对于这一过程，本身就是一种独具创造性的活动，具体而言，我们可以从以下几个方面进行分析。

①理解的创造性

在表达自己的观点时，学生会对自己过去的生活进行梳理与总结，并且提取出对自己的谈话有用的部分。

②语言的创造性

学习者可以自己组织语言，确定自己的表达方式，从而将自己的想法阐述出来。

③交际的创造性

信息交流的目的在于对交际双方之间的信息差的填补，但同时又会产生新的信息差，这也体现了创造性特征。

活动的情景设计对学生体验各种创造过程至关重要。因此，在任务型教育模式下，教师可依据学生的语言水平、生活背景和心理特征来设计活动的情景，这样才能使课堂教学真正互动起来，学生才能体验创造。

二、任务型教育模式实施的步骤

（一）任务前阶段

任务前阶段包括两个小阶段，即任务准备阶段和任务呈现阶段。任务前阶段的目的主要有两个，一是为了激活学生已有的知识资源，帮助学生重构语言系统与思维方式；二是为了使学生具备完成任务所需要的语言知识和文化知识，减轻在下一阶段完成任务时的认知压力，从而使学生真正成为主动学习者。

1. 任务的准备

任务的准备主要涉及两个方面的内容：第一，作为任务参与主体的学习者所需获取、处理或表达的信息内容。第二，作为任务参与主体的学习者获取、处理或表达这些内容所需的语言知识、技能或能力。

在任务准备阶段，还应特别注意两个问题，即语言输入的真实性和任务的难度。任务的真实性指在任务教学中所采用的语言教学材料所具有的自然的口头语言和书面语言品质的程度。在课堂环境下，教师的教学材料既要有语言交际中使用的语言真实性，同时还应具有课程标准指导下的仿制自然交际真实性的特点，这两大特点共同构成了课堂环境的语言输入。任务型教学法中任务的难度主要由三个方面决定。

（1）要学习的内容。

（2）活动的类型。

（3）学习者的自身因素。

2. 任务的呈现

任务的呈现是指教师在学习新语言之前向学生展示需要学生利用新的语言知识来完成的任务，也就是对于任务的介绍。此时，教师应当结合学生的生活或学习经验创设有主题的情境，以此激发学生的好奇心和学习动机。在这一阶段，教师要做的是为学生提供与话题有关的环境以及思维方向，并在所要学习的新知识与学生已有的旧知识结构之间建立某种联系，调动起学生的求知欲，使学生有想说的强烈欲望，满怀兴奋和期待地开始新知识的学习。在这一环节中，教师需要遵循先输入、后输出的原则，也就是说，在激活了学生完成任务所必需的语言知识和语言技能后再导人任务，这样不仅可以促进学生学习的顺利进行，还可以为下一阶段教学的开展奠定基础。

（二）任务中阶段

任务中阶段也就是任务的实施阶段，这个阶段也是学生语言技能的主要习得阶段。在这一阶段中任务的选择极为关键，任务的难度对学生的语言习得水平也具有极大的影响。任务的难度过高或过低都不利于学生的学习，因此教师要合理选择任务的难度。在教学中出现任务难度过高或者过低的现象很常见，但是教师可以采取一定的措施进行补救。例如，当任务难度过高时，可以利用图表、图像等直观的手段降低任务的难度，除此之外，教师也可以为学生提供一定的讲解以降低难度；当任务难度过低时，教师可以在简单的任务后面添加其他学习内容或设计更多具有思维挑战性和判断性的任务。

学生完成任务的形式可以有很多种，如结对子、小组形式、自由组合等，也可以由教师设计许多小任务构成任务链。在任务型教育模式下，小组活动是比较常见的一种活动方式。在进行小组活动时，要有明确的个人任务与小组任务，要对学生和教师的角色进行适当的转换。当然，教师要对小组活动进行宏观指导，以使教学活动顺利开展。此外，为了鼓励学生，教师也可以参与到学生的小组活动中，这样不仅可以拉近教师与学生之间的距离，还可以在一定程度上缓解学生完成任务时的紧张心理。教师在小组中还可以及时地对学生实施任务的情况进行监督、指导，了解学生掌握新知识的程度，并根据具体的情况随时对教学策略实施调整，以保证任务完成的质量。

（三）任务后阶段

任务后阶段主要涉及任务的汇报和评价。学生在完成任务后可以派出代表向全班报告任务完成情况，代表既可以由教师指定，也可以由小组推选，两种方式各有优点。当学生汇报任务时，教师还应对学生进行指导和帮助，促使学生顺利完成汇报。

在各个小组任务汇报完毕后，教师应当与全班一起对任务做出评价，指出各组的优点和不足，并评出最佳小组，让学生在完成任务之后品尝到成功的喜悦，同时认识到自己的不足，并在以后的学习中逐渐克服。在评价过程中，教师不仅要对评价的结果进行评价，还要让学生之间开展互评，这样有助于提高学生正确、理智地评价自己和他人的能力。对于完成情况好的小组，要给予精神鼓励或适当的奖励。

总之，任务后阶段的意义在于为学生提供一个对任务整个实施过程进行回想和总结的机会，促进学生形成积极反思的习惯并使学生进一步关注语言的形式。

在教育过程中，学生成为学习过程的主体和中心，教师成为学习过程的组织者和引导者。这种教育模式培养了学生查阅资料、协作、思考和讨论的能力，并在很大程度上提高了学生的英语应用能力。任务型教育模式的实施，要求教师更新观念，转换角色，深入了解教育要求，设计出丰富多彩的任务形式，引导学生在真实的语言环境中使用英语进行交流，从而提高学生的英语应用能力。

三、在英语教学中开展任务型教育模式的思路

（一）以教学原则为依托

在任务型教育实践中需要以教学原则为依托，教师不能随意根据心情开展教学。在任务设计时，教师需要遵循一定的教学原则，同时为了提高任务实施的可行性和可操作性，还需要注意以下几点。

（1）任务在设计时应该注意其操作性，不能脱离具体的教学条件。

（2）教学活动要具有多样性，这样才能保证多种类型学生的需求，也能满足学生自主选择学习内容的需要。

（3）任务的设计要具有层次性，也就是说任务要有不同的难度梯度。这是为了保证不同学习层次的学生要求，进而提高学生的创造力和审美力以及相互间的协作能力。

（4）当学生完成相应的任务时，教师应能从学生的完成情况看出学生的具体学习水平。

（5）任务型教育并不是将任务局限在课堂教学中，学生也可以在课内外对任务进行研究和学习。

总而言之，设计的任务活动要突出趣味性、可操作性、科学性、交际性、拓展性、真实性、整体性和层次性，有利于培养学生的创造思维能力，有利于学生用外语解决实际问题，有利于提高学生综合运用语言的能力。

（二）以学生认知为标准

学生主体性的原则就要求教师在教育实践中以学生的认知为标准。需要提及的一点是，以学生为中心，并不是将课堂时间完全交给学生处理，而是要合

理分配课堂时间，对学生的学习特点进行关注，对学生的学习过程进行观察，对学生的学习心理进行分析，对学生的学习思维进行了解。因此实施任务型教育模式应该对学生进行关注，用个性化的教育方式指导语言教学。同时，教师在学生完成任务的过程中还需要对学生的学习模式和学习特点进行观察，找出学生学习上的不足，进而加以指导。

（三）以任务型教材为根据

1. 教材的设计要以任务为核心

对于各种语言知识与素材，并不能进行直接的呈现，而是应该积极进行设计，从而可以最大限度地提高学生的英语水平。

2. 任务型教材中出现的语言材料应力求真实

所谓的材料真实性指的是这些材料应该来源于现实生活，比如报纸以及广告中。有一点需要明确，我们不能为了教材的需要而去虚构语言材料，尽管参考这些虚构的材料也能开展正常教学，但是真实性就大打折扣了。

3. 教材中要突出真实的交际目的

教材还应该凸显出交际的真实性，能为学生交际活动的完成提供真实的交际语境，从而更好地完成交际目的。

（四）利用课外教学开展任务型教育模式

在利用任务型教育模式开展英语教学时，教师不能仅仅将课堂作为任务完成的场所，而应该开放思维，将教育任务延伸到课堂教学之外的生活中。这就是说，教师应该充分利用课外教学辅助任务教学。需要注意的是，利用课外教学开展任务教学并不是将学生的学习时间延长，而是要教会学生在日常生活中运用所学知识，进而达到知识的巩固和进步。利用课外教学可以通过以下几种方式进行。

1. 布置一些学生感兴趣的课外作业进行任务的延伸

学生的课外教学应该是丰富多彩充满兴趣的，因此教师可以设计一些调动学生兴趣的课外活动和作业让学生在课下完成。通过课外教学，学生学习的主动性和积极性会得到提高，同时学生独立完成任务的能力也会得到锻炼。

2. 开展多样的课外活动作为任务的延伸

在课外活动中，学生可以摆脱课堂上的束缚，从而产生无穷的乐趣。而且通过课外活动学生的学习热情也会被激发，课外活动中的任务能够对学生的知识进行巩固。学生的课外活动可以通过下列几种方式进行。

（1）英语比赛活动

在学习的不同阶段，教师可以组织学生展开丰富多彩的英语竞赛活动，如英语单词竞赛、英语作文竞赛等。

（2）英语表演活动

英语表演活动的开展对学生的语言表达，团队协作等都有着重要的影响。通过英语表演活动，学生可以在一种互帮互助的环境下进行语言的学习，这是一种广为学生喜爱的活动。

（3）开办英语角

英语角的开办能够为英语学习爱好者提供一个互相学习的基地，使学生能够乐于用英语表达和沟通。

（五）利用多媒体技术开展任务型教育模式

在任务型教育模式下，还可以利用多媒体技术进行教学。多媒体技术的发展为任务型教育的开展提供了理想的教学环境，可以产生下列几点好处。

（1）学生的主体性地位得到增强。

（2）多媒体技术为任务的完成提供了技术上的保障，便于学生搜集任务所需要的资料和资源。

（3）通过多媒体环境，学生获取信息、搜集信息、处理信息的能力得到了提高。

（4）在多媒体的帮助下，学生的思维变得更加开放，有助于学生创新性思维的发展。

（5）通过多媒体技术，学生实现了网络上的互联，因此也有利于学生之间的合作和互助，对增进学生之间的友谊有很大帮助。

（六）利用思维教学模式实施任务型教育模式

在任务型教育模式下，任务的完成需要学生进行积极的思考，因此对学生的思维而言是一个较大的挑战。学生学习主体地位落实的主要标志也在于其是否在课堂上开展了积极的思维活动。同时，教师任务完成的重要标志也在于教师能够在课堂上激发学生的思维，使学生能积极思考。因此，利用思维模式开展任务教育十分有必要。

对于教师而言，可以通过如下几种思路去激发学生的积极思考。

（1）我们应该明确，学生知识的获得离不开教师的传授，但是学生要建构起自己的知识体系却不能仅仅依靠教师，而是应该深入到一定的情境中，在相关学习资料的支持下，深入学习，从而获取各种知识。

所以，在任务型思维教育模式下，教师就应该着力培养学生的思维，从而将他们学习的积极性充分调动起来。与此同时，教师还需要注重引导学生的思维，从而让他们能够主动去建构其自己的知识框架。

(2) 不同的学生他们之间的个体差异是很大的，这也反应在他们思维模式的差异上。也正是因为学生的思维具有不一致性，所以才让任务的开展各有特色，在共同完成任务的过程中，教师应该利用好不同学生的思维优点，从而尽可能地发挥出学生学习的主动性。

(3) 在任务型教育模式下，学生的语言表达能够促进其思维的发展，因此在具体的教学中教师应该鼓励学生多表达。通过具体的沟通和表达，学生的语言能力、思维能力以及和同学之间的沟通能力都会得到提高和发展。语言水平提高、思维得到锻炼，对任务的完成十分有帮助。

第四节　提升英语教育课堂中互动的策略

传统的英语课堂教学往往以单一的知识传输为主，而互动式的英语课堂强调学生的主体地位，要求教师加强与学生的互动，引导学生自主学习。实际上，在互动教学中经常出现一些问题，需要教师引起注意。

首先，教师在课堂中讲授时间较长，使得互动教学环节时间被压缩，学生没有更多的机会表达自己的意见，影响了学习积极性。其次，课堂互动的目的性不强。在互动教学中，教师提出的问题应当是经过充分准备与认真思考的，能够激发学生的学习兴趣。最后，课堂互动教学不够规范，组织性不强。

针对目前互动教学在英语课堂存在的不足，英语教师应当积极进行教学改革，努力解决课堂教学中出现的各种问题，提高课堂教学的质量，确保互动教学的价值真正得以发挥。

一、设置科学的情境和问题

在语言学家看来，学习母语以外的其他语言的最好办法就是在社会生活环境中学习。英语教师在设置课堂问题时，应当结合教学目标与教学内容，以及学生的学习与生活情况，设计与实际生活息息相关的问题，以激发学生学习英语的兴趣。如教师可以根据课本知识科学设置情境对话，设计合适的问题，让学生根据自身知识回答，实现师生之间以及学生之间的良好互动，营造良好的英语学习氛围。

二、重视学生的主体地位

教师在课堂教学中应当重视学生的主体地位，改变传统的教学模式，发挥引导作用，让学生成为学习的主体，充分调动学生学习的积极性，加强师生互动，使英语课堂更加生动活泼，帮助学生更好地理解英语知识，提高学习效率。同时，教师还要注意引导学生树立正确的学习态度，当学生遇到困难或者失去学习热情的时候，教师要及时发现和解决问题，鼓励学生主动克服困难，积极投入学习中。

三、引入分组合作式模式

要想保障互动教学的高水平，小组合作教学的引入具有关键的意义与作用。所谓合作学习，即由教师指定合作任务，由学生小组进行分工合作，共同完成，实现整体小组成员的协同进步。通过教师对能力、水平以及经验各自相异的学生进行合理、均衡化分组，即遵循小组间质量等同，组内成员质量相异的划分原则，使其整体保持在同一水平线上，而后按照教学内容做出合理规划，采用多元化的互动方式，实现师生、小组以及组内成员之间的有效互动，让每个学生都能发挥自身优势，促进班级学生整体英语水平的有效提升。

四、加大人机、人网互动力度，实现科技式互动

人机、人网互动作为多维互动中的有效应用模式，其应用渠道极为丰富，如微信、微博、QQ、邮件以及各大论坛等，而各院校也可以效仿此模式，建立一个相应的英语交流平台，在平台上可开设一个匿名交流版块，让学生通过最平等的方式在平台上畅所欲言，发表观点，相互交流，而教师则担任对应的秩序监督人，同时对学生问题隐性答疑解惑，教师也可以学生的身份登录平台，参与到学生讨论之中，从而借此方式让学生主动投入并参与到教学活动中，提高教学效益。

总之，对学生而言，互动教学是一种有效的学习方法，能够改变过去传统的单一的教学方法，让学生充分发挥学习的主动性，在课堂上积极认真思考，养成良好的学习习惯，提高英语学习效率。

第五章　教育生态视角下的英语教育模式

教育生态学是20世纪70年代中期兴起的一门新学科，它是教育学和生态学相互渗透的结果，是研究教育与其周围生态环境之间相互作用的规律和机理的科学。本章首先分析了英语生态课堂的相关基础性知识，接着进一步论述了生态教育融入英语教育的理论基础，探讨了英语教育生态模式的内涵与特征，最后详细研究了英语教育的生态优化等内容。

第一节　英语生态课堂概述

一、英语生态课堂的定义

传统的大学英语课堂由于费时低效而广受人们的诟病，这主要是课堂生态存在种种失衡因素。这些失衡因素主要表现在课堂生态主体与课堂生态的失衡、应试教学目标与生命全面发展失衡、教与学的失衡和课内学习与课外运用的失衡这四个方面，因此人们转而追求一种高效的、生态化的课堂教学。生态课堂的概念最早由美国教育学家沃勒（Waller）于1932年在《教学社会学》一书中提出，此后，生态课堂作为一种新的教学理念开始进入教育研究者的视野。

英语生态课堂是学生生命成长的过程，在这一过程中，学生通过各种课堂活动与生态课堂的其他因子相互联系、相互作用，共同成长，因此，我们将大学英语生态课堂定义为了学生生命的发展，依据生态学的理论和方法而开展的各种英语语言教学实践活动。

二、英语生态课堂的本质

教育要以人为本，大学英语生态课堂同样关注人的生命的发展。人的生命发展是多方面的，首先是学生的个体发展。学生个体的发展主要表现为个体身心的和谐发展、保持有探究的好奇心、求知的欲望、增强在不同的环境中发现问题、解决问题的能力、与他人合作、交流的能力，以及对国家、社会、民族的责任感。学生个体的发展还包括批判性思维能力和创新能力的发展。但是，学生个体的发展不应以牺牲其他个体的发展作为某些个体发展的条件，因为教育要面向全体学生，要兼顾不同层次的学生生存能力的发展。因此，学生个体的发展是全体学生发展的前提，而全体学生的发展和可持续发展是则是教育始终追求的目标，这一目标贯穿着教育对学生生命成长的关怀。因此，英语生态课堂的本质就是学生生命的成长过程，学生通过生态课堂吸取自身生命成长所需要的营养，同时又以物质、能量与信息交换的方式反哺生态课堂，为他人生命的成长创造条件。大学英语生态课堂这种物质、能量与信息交换的良性循环，为学生生命的成长和可持续发展提供了良好的生态环境。因此，学生个体的发展、全体学生的发展和可持续发展是大学英语生态课堂关注的永恒主题。

三、英语生态课堂的特征

（一）多样性

所谓多样性，首先是指生态课堂因子的多样性，这些因子包括教师、学生、教学内容、教学环境、教学方法等。其次是指每个因子本身特征的多样性，例如，作为课堂生态主体的学生具有不同的性别、年龄、学习动机、学习策略、学习风格和自我效能感。多样性既是大学英语生态课堂的内在规定性，同时也是各个因子自身的内在规定性。英语课堂教学应遵循这些因子的内在规定性，不以强制的外在力量去约束学生，而是从学生生命成长的实际需求出发，通过精心的教学设计和合理的资源配置，因材施教，从而使每一个学生在生态课堂上绽放异彩。

（二）开放性

所谓开放性，是指生态课堂及其因子不是封闭的和一成不变的，而是在不断地与外界进行物质、能量与信息的交换，探索适合自身发展的生态位。首先，外语教学需要打破课堂教学时空的局限性，把课堂延伸到社会，引导学生走出教室小课堂，走进社会大课堂，强化课内学习与课外运用的关联，注重课堂教学与外界社会的互动。其次，教学目标、教学内容、教学方法等因子也要与时俱进，只有这样才能满足学生生命成长的需求。长久以来，大学英语教学一味地强调语言的工具性功能，忽视了语言的人文性功能，致使大学英语教学裹足不前。新的课程教学要求对语言的工具性和人文性并重，在强调学生语言能力发展的同时，也强调学生人文素养的培养。可以说，生态课堂的开放性给大学英语教学注入了新的活力。

（三）动态平衡性

所谓动态平衡性，是指大学英语生态课堂沿着平衡→不平衡→平衡的轨迹发展。动态平衡性是教育生态学的核心思想，也是大学英语生态课堂的核心理念。根据生态课堂的动态平衡性，大学英语生态课堂的平衡只是暂时的，随着因子之间的相互作用和此消彼长，生态课堂原有的平衡必然被打破，而且这种平衡被打破，就需要建立新的平衡。比如，当学生的语言输入达到一定的量以后就产生了语言输出的要求，那么教学活动也应该顺应这一要求。换句话说，语言输入阶段的平衡被打破，就需要在语言输出阶段建立新的平衡。这一过程实际上是一个由量变到质变的过程，也正是在这一过程中，学生的语言能力和人文素养得到提高，学生的生命得到发展。这种平衡→不平衡→平衡的发展过程也就是学生生命发展过程的真实写照。

生态课堂的本质是学生生命的成长过程，而学生生命的成长需要一个健康和谐的生态环境。大学英语生态课堂以学生生命的成长为出发点，积极协调生态课堂各因子之间的关系，努力营造一种互利共生的教学环境。生态课堂不再是一种封闭式的课堂教学，而是根据学生实际需要调整教学目标、教学内容、教学方法，合理配置教学资源，最大限度地优化各个因子的生态位，使生态课堂这一环境的教书育人功能得以充分发挥。

第二节　生态教育融入英语教育的理论基础

一、教育生态学理论

当生态学与教育学相融合后，渐渐地就产生了教育生态学。教育生态学的产生是生态学几经发展后的产物，可谓是生态学最有意义的延伸。教育生态学是教育学与生态学相互交叉的一门边缘学科。它融合了教育学与生态学的相关理论和研究方法。当然，作为一门独立存在的学科，教育生态学不可能仅仅是教育学和生态学这两门学科的简单叠加，它有自己的研究对象和任务以及基本原理和方法。

我国的教育生态学研究起步较晚，20 世纪 80 年代才稍有起色。实际上，无论研究角度和方法有多大不同，教育生态学里面的一些基本理论都包括如下几个方面的内容。

（一）教育生态学的定义和研究对象

1. 教育生态学的定义

教育生态学是依据生态学的原理研究各种教育现象及其成因，进而掌握教育发展的规律，揭示教育的发展趋势和方向。概括地说，教育生态学是研究教育及其周围生态环境之间相互作用的规律和机理的一门学科。这里所提到的周围生态环境肯定包括自然环境、社会环境、规范环境等在内的综合环境，即我们所说的教育的复合生态环境。自然环境又可以称为物理环境，社会环境又可以称为结构环境，规范环境又可以称为价值环境，它们又包含气候、温度、氛围、人口、文化、经济、教育资源等环境要素，这些要素我们统称为环境生态因子。学者研究较多的也是从各个生态因子入手，探讨不同的生态因子与教育的关系以及它们对于教育的影响和作用。目前较为成熟的成果和观点有人口、文化、教育资源、学校分布、班级环境等与教育生态的关系。

2. 教育生态学的研究对象

从教育生态学的定义中可以看出，教育生态学的研究对象不仅仅是教育现象和问题，也不仅限于周围的生态环境，它是把教育与生态环境联系起来，并以其相互关系及其作用机理作为研究的对象。

（二）教育生态学的研究任务和方法

1. 教育生态学的研究任务

教育生态学研究主要有三大任务：第一，从生态圈出发，以系统网络的观点全面地分析各种生态环境与教育的相互关系以及生态环境中各种生态因子对教育的作用机理和规律；第二，从宏观和微观的角度入手，研究宏观教育生态和微观教育生态，细分有教育的个体生态、教育的群体生态和教育的生态系统。尤其是生态系统的研究是教育生态学研究的重点；第三，运用水平分析法分析教育的水平结构、教育的分布模式以及教育生态的功能等。

2. 教育生态学的研究方法

作为一门独立学科，教育生态学的研究永远脱离不了三大方法：理论研究与实践研究相统一、定性研究与定量研究相统一、宏观研究与微观研究相统一。这也是众多学科研究的方法论基础。在教育生态学里还强调运用数学方法进行调查、统计以及系统分析，建立数学模型，把握全部要素及其动态情况。

（三）教育生态学的基本原理和规律

1. 教育生态学的基本原理

教育生态学属于生态学的一个分支。生态学的基本原理有胜汰原理（优胜劣汰）、拓适原理（拓展适应）、生克原理（相生相克）、反馈原理（正负反馈）、乘补原理（相乘相补）、瓶颈原理（S 型增长）、循环原理（循环再生）、主导性和多样性原理（主导性产品和多元化结构）、生态发展原理（系统发展和功能完善的过程）、机巧原理（机遇和巧合）。这些原理可以概括为能量、物质、信息的交流、联系、共生的原理。其实总的思想即为生态系统和生态平衡，实现可持续的发展。将上述原理延伸到教育生态学中可以总结出教育生态学的几大基本原理。

（1）限制因子定律

影响教育发展的因素有很多种，如教师的水平和素质、学生的身体素质、班级氛围等，也就是我们上述提到的生态因子。每个生态因子在一个确定的生态系统中都有一个范围阈值与之相适应，不能超标，也不能低于某一个下限值，否则都会影响整个系统的发展。这就是限制因子定律。在教育生态学里，最重要的限制因子是能量流和信息流。人作为具有主观能动性的生物，精神的力量可以部分地转为能量和物质，这不仅对限制因子的作用具有适应机制，而且可以主动地创造条件，积极反馈调节，变限制因子为非限制因子。

（2）耐度定律和最适度原则

生态因子对于教育生态中核心要素——人的刺激和作用有最小值、最大值和最适度值。人们认为生物体对于某一生态因子可能只有很窄的忍耐范围。这个范围就被称为“度”，达不到或者超过这个度就会产生不利的或者相反的影响。教育的群体生态系统更要符合耐度定律，将各要素控制在一定的范围之内。当然如果能达到“最适度”即为最好，在这个最大值、最小值的度中有个最适度值。最适度的“度”即为生态因子质和量的统一，也就是教育生态因子的影响和受教育者的承受力之间彼此作用、协调发展的结果。教育和教学都要贯彻好最适度原则。

（3）花盆效应

花盆效应又可以称为“局部生境效应”，长在花盆里的花虽然在主人的精心照顾之下开放得异常美丽，但是如果失去了照顾、没有了人工创造的优良环境条件，这些花就会忍受不住高温和严寒的考验，用一句话形象地概括即为温室里的花朵经不起外面的风吹雨打。类比到教育生态学里，尤其是在家长和儿童的亲和关系里，这种现象表现得尤为突出。一种现象是人为地限制局部生境，另一种就是人为地制造局部生境。花盆效应就是提醒人们要彻底摒弃封闭式教育，要建立一个开放性的生态教育系统，让师生接触自然和了解社会。

（4）教育生态位原理

在生态学里，生态位主要是指生物群落外部和内部关系的基础。在教育生态学里面，处于同一生态位的群体之间会产生相互竞争，人们要运用生态位原理处理好竞争中出现的问题以及教育系统外部资源开发和利用的问题。此外人们研究较多的还有教育生态的整体效应、边缘效应、教育生态链法则、群体动力和教育节律等基本原理。

2. 教育生态的基本规律

（1）迁移和潜移规律

通过信息传递，实现迁移和潜移，建立起多种神经联系。

（2）富集与降衰规律

在教育教学中其主要是指能量流、信息流、物质流的富集和降衰，富集对于个体、群体以及生态系统的发展是至关重要的，同时也要适时进行强化，防止降衰的发生。

（3）教育生态的平衡与失调

这主要表现在教育结构上，比如各年级学生的构成比例、各类学校的构成比例以及学校内部的师生比例、德智体美劳教育的关系、课程结构设置等方面的平衡和失调。它还会表现在教育功能上，如能量流、物质流和信息流的输入和输出、教育效能的平衡与失调。

（4）竞争机制与协同进化

教育生态系统内部和各个大的教育生态系统之间都存在着竞争，有良性竞争和恶性竞争，竞争的结果必然会导致优胜劣汰。随着竞争激烈程度的发生，相互作用逐渐减弱，相互正作用逐渐增强，协同进化的现象随之产生。

（5）教育生态的良性循环

良性循环对于保持生态系统的稳定、维持生态平衡都起着至关重要的作用。在教育生态系统中，人才流、物质流和能量流也有着自己的良性循环机制。

（四）教育生态学理论对英语教育的启示

教育生态学视角下大学英语教育改革探索是指，借鉴生态学观点与原则构建大学英语教学的可持续发展之路，立足长远发展对大学英语教学的各项工作进行组织与实施，以期保持大学英语教学的可持续发展。

1. 基于需求分析课程理论，构建多元化英语课程生态体系

首先，明确生态化课程目标。教育生态学视角的落脚点在于人的生存与发展，在此应基于学生身心发展需求，进一步尊重专业与学生个体差异，对课程目标进行设计。同时，要紧密联系社会与文化发展要求，注重课程内外的立体联系，通过与社会组织、企业构建联系，融入互联网、移动通信等新媒体技术，使大学英语课程由平面化走向立体化。

其次，构建生态化课程实施过程。教育生态学视角下课程实施应遵循以下几个原则：其一，系统性原则，即课程实施不仅要考虑课程目标、课程内容等微观因素对课程实施产生的影响，同时要考虑到政治、经济、文化系统等宏观因素与课程系统间的相互关系；其二，自组织原则，即充分重视学生自身的能动性，通过课程实施推动学生自组织能力发展；其三，差异性原则，即在课程实施中采用多样化教学方法与教学模式，尊重并保护学生的差异性；其四，互动性原则，即生态化课程体系中各元素间是相互依存相互作用的，学生、教师、环境、信息等元素间良性互动的，共同维持课程系统的和谐状态与生命力。

最后，实施生态化课程评价机制。具体体现为评价主体的多元化，即将家庭、学生、教师、社会等主体均纳入课程评价主体中；评价方式的多元化，即综合运用质性评价、量性评价与元评价等评价方法；评价内容的多元化，即将课程实施过程中的多项内容纳入评价体系，如课程目标、课程效能、学生学习态度、课程评价过程等。

2. 加强技术融合，构建现代化英语教学技术生态体系

首先，要创新各主体大学英语教学观念，客观认识现代信息技术对大学英语教学改革的积极促进作用，以学生为中心，以综合能力培养为目标，服务学生的个性化、探究性学习，以此提升学生对信息技术融合的接受度与认可度，推动现代化大学英语教学技术生态体系构建。其次，针对教学需求的多样性、教学目标的多元性及教学对象的层级性，充分考虑不同网络媒介的优势与劣势，有选择地使用信息技术，以此开发和建设具有层次化、差异化的信息化英语教学课程，加强信息技术与不同教学情境的相适度，形成各元素间的最大合力，推动现代化英语教学系统整体效能的发挥。最后，构建多维互动教学环

境，教育生态学视角下大学英语教学应是多维交互的，在不断提升教学与技术融合的同时，也不应放弃传统的教学情境，充分尊重主体间的“原始”互动，复杂多元的交互关系是构建稳定的英语教学生态体系的必要前提。

3. 打造“师生共同体”，构建生态化英语教学师生生态体系

从理论层面分析，构建生态化师生生态关系的内在逻辑包括以下三个方面：首先，学生去客体化。学生应充分认识自身主体价值，构建主体意识，基于主体能动性自发学习知识，提升自身素养。其次，教师主体化回归。教育生态学视角下的教师主体化回归，区别于传统教师介入学生学习行为的主体功能，指的是教师对自身教学行为进行自控的主体功能。最后，形成主体对主体的教育结构。学生去客体化与教师主体化回归，体现的是教育生态学视角下教学各元素主体地位的平等性。即在教学过程中学生与教师双方各司其职，各为主体且互为主体，通过相互影响与渗透，逐渐形成平等交往、良性互主的发展关系。

具体而言，师生双方处于平等主体地位，需要以下几个条件做支撑。其一，打造师生学习共同体，以师生相互尊重信任为前提，以统一目标为导向，师生间共享知识、积极合作、互相启发，推动师生共同成长，共同进步。其二，打造师生生命共同体，即回归生命本质，关注师生生命成长，重视师生情感交流与心灵互通，以此构建更加和谐的师生关系，巩固师生共同体。其三，打造多元化师生交流渠道，比如利用互联网技术拓展师生交往时空，或者鼓励师生共同参与教学活动等，通过加强交流与互动，使双方更加认可彼此的主体地位与功能，物质与能量的有效交换是师生生态体系稳定与持续发展的重要前提。

4. 坚持共享共建，构建立体化英语教学环境生态体系

坚持共建共享，加强大学英语教学内部环境与外部环境合力，推动大学英语教学形成外向型生态体系。首先，重新激活家庭的教育功能。对此家长首先要转变自身教育观念，重视自身素养提升对学生的教育引领作用。家长应加强与学生的互动，关注学生思想、情感与精神动向，以此提升学生对家庭等依恋度，进一步强化家庭对学生的引导作用。在家庭教育功能回归与强化的同时，学校应正确认识家庭教育在学校教育中的重要价值，提升自身家校合作专业知识与能力，以此引导家长充分发挥家庭教育功能，构建有效的家校合作生态体系。其次，充分发挥社会环境的协同作用。教育生态学视角下大学英语教学体系应体现多样性与开放性，实施开放办学，联通内部与外部环境，加强教学内部环境对社会外部环境的适应力，以此提升其整体的社会竞争力。如“政产学研用”理念的提出，即是将教育与政治、产业、科研及用户多个体系联合

在一起，多方共建，优化教育生态体系。

二、生态教育理论

生态教育思想是在20世纪八九十年代在西方国家出现的一种新型教育思潮，它是对已有的教育教学理念的一种大胆的创新和改革。如果把教育生态学看作项教育教学的理论，那么生态教育就是理论结合实践的一种途径。它是渗透生态理念、形成正确生态观的重要途径，其任务就是将生态意识渗透到学校的教育和教学中。

（一）生态教育的定义

生态教育（亦称教育生态化、教育生态学化、绿色教育、生态化教育）是在新的教育背景和新的社会经济发展需求下形成的一种新的教育思想。教育“生态化”的内涵是：将生态学原则渗透到人类的全部活动范围中，用人和自然协调发展的观点去思考和认识问题，并根据社会和自然的具体可能性，最优化地处理人和自然的关系。教育生态化是指伴随着社会各领域的生态危机，现代教育必须及时调整自己的发展方向和指导方针，逐步走向生态化，建立起符合生态规律的新型教育系统。生态教育或教育生态化是人类为了实现可持续发展和创建生态文明社会的需要，而将生态学思想、理念、原理、原则与方法融入现代全民性教育的生态学过程。其要求是培养学生的生态意识，促进生态系统和谐可持续的发展。

按照划分的标准不同可以将生态教育分成不同种类。根据学校层次不同有幼儿生态教育、初高中生态教育、职业学校生态教育、高等学校生态教育等；根据学科不同，有语文生态教育、数学生态教育、化学生态教育、地理生态教育等；根据教育的内容不同，其可以分为生态道德教育、生态文化教育、环境教育、生命教育、可持续发展教育等。

（二）生态教育的基本观点

谈论任何一种教育模式都要涉及该模式下的教师、学生、教材、课程以及教师的教学和学生的学习。当今我国基础教育课程改革的核心理念是“以人为本，以学生的发展为本”，生态教育的基本观点如下：

1. 生态教育的学生观

生态式教育思想的诞生颠覆了传统以教师为中心的灌输式教育和以学生为中心的园丁式教育。灌输式教育，顾名思义是以教师的绝对权威为主导，教师是知识的灌输者，学生必须无条件地记住教师传授的知识。而园丁式教育与灌输式教育恰好相反，它要求教师不能对学生指手画脚，教师成了辅助者，他不能给学生任何指示和要求，只能顺应学生的需要，甚至不能也不必给学生以建议和指导性的帮助。生态式教育与二者皆不同，它是以教师、学生共同组成的生态平衡为中心，强调的是对话、合作、和谐发展，使得以教师和学生为主要元素构成的生态系统稳定持续发展下去，达到最佳的组合效果。那么在此过程中，学生的角色可以被定义为：第一，学生是生态系统的主体者；第二，学生是自我学习的开拓者；第三，学生是和谐发展的促进者。

2. 生态教育的教师观

在应试教育范式下，教师永远是高高在上的权威者，引领着学生固定地朝着一个方向前进，这导致的结果却是学生越来越迷茫，它忽视了学生的心理成长，使学生得不到全面发展。那么在强调整体和谐发展的生态教育下，人们应该重新定位教师的角色：第一，教师是学生生命的关注者；第二，教师是生态关系的协调者；第三，教师是课程资源的整合者；第四，教师是教育实践的反思者；第五，教师是自我发展的进取者。

3. 生态教育的学习观

学习被看成是由学习者、学习活动、工具中介系统、社会及物质环境等构成的多要素相互作用的行为。在生态教育范式下，生态学习观把学习者视为携着一定生命印记的、“有情有义”的知识意义的积极建构者，重视个体与共同体在学习过程中的相互贡献、相互作用。

（三）生态教育理论对英语教育的启示

在生态教育理论背景下的英语课堂教学，要真正实现英语课堂教学“生态化”，我们在英语课堂教学中应主要做到以下几点：

1. 打造生态型教师

加强校本培训，坚持以活动为载体，促进教师技能提高，要求课前教师充分备课，不仅备教材，更要求要“备好”学生，制定导学案，让学生做到课前自学，课后自测。采取“派出去、请进来”的办法，提高教师的教学能力；实施拜师结对，发挥名、特、优教师的示范引领作用；坚持捆绑式整体考核，实行以备课组为单位的教学质量捆绑式考核验收制度，以促进和谐发展，共同提高。

2. 培养生态型学生

学校注重让学生享有完整愉悦的人生，使学生做到“人格健全，主动发展，个性和谐”。每个教学班按学生的基础、性别、性格等分成学习小组，实行以小组为单位的综合评价制度，只要小组在学习、活动、日常行为规范等方面成绩突出，学校就对小组每个成员表彰奖励，以增强学生的集体主义观念，培养他们合作、创新的能力，促进和谐发展。

3. 建立生态型师生关系

生态型师生关系是生态学生与生态教师在民主、平等、富有创造性的环境中进行对话与互动，是充满生命活力的现代教育的生动体现。学校要求每一位教师，至少和一个小组的学生交朋友，每天至少和小组的每一名学生以朋友的身份谈话一次，并做好谈话记录。这样让师生情相融、心心相通，在民主、平等、富有创造性的生态化环境中教学相长，健全师生人格。

4. 创设生态化的课堂环境

在英语课堂教学中，创设合适的课堂环境能使课堂教学效果达到事半功倍的效果。这样课堂情境的创设，首先必须满足教材课标要求，其次要源于真实的生活情境，最后还要适合学生的学情。只有这样创设出来的课堂情境，才能真实地实现生态化的课堂教学，让学生在具体的语境中学习和运用语言。这样能够激发学生的学习兴趣，使学生爱上英语，体验学习中成功的喜悦。同时，它还能够培养学生自主学习探究英语知识的能力，并在课堂教学中贯穿英语就是生活中的一个语言工具，是一种自然的说话能力，学生只要努力学习就能掌握这种能力。

总之，在英语课堂教学中，教师要充分体现学生的价值，体现学生学习的主体地位，使学生主动地探究知识，在获得知识和技能、方法能力的过程中体验和感悟情感态度价值观，并充分发挥学生的潜能，让他们的个性、创造性都得到更好的发展，最终真正实现英语课堂教学生态化，实现生态教育。

三、生态语言学理论

（一）生态语言学的基础知识

生态语言学是由美国语言学家豪根（E. Haugen）提出的概念，是由生态学与应用语言学相结合而逐渐形成的语言学分支。对生态语言学的研究范围主要有两种理解路径，一是豪根认为语言有自己的生态环境，语言的生态环境是语言发展的基本条件，生态语言学就是以研究语言的生态环境为切入点，关注语言生态环境对语言学习和运用的作用和影响①；二是韩礼德（M. A. K. Halliday）认为人类社会是自然界的不可分割的重要组成部分，人类的产生、生存和发展依赖于自然环境的呵护，而语言是人类存在的重要条件和表现方

① 张艳玲. 英语教学的理论、模式和方法［M］. 青岛：中国海洋大学出版社，2018：132.

式，也是人类影响自然环境的一个重要手段①。

生态语言学有两个主要研究领域：一是研究影响语言产生、发展以及演化的各种内在因素和生态环境，为了更好地适应和改造自然生态环境就必须及时调整语言系统的运行模式和语言的运用方式；二是对某一种语言的句式特点、话语样式、语篇结构进行微观层面的剖析，以此来解读语言运用过程中的生态因素和特征。

（一）生态语言学对英语教育的启示

1. 运用生态化教学方式

教学方式属于大学英语教学微观生态系统当中的一部分，是课堂教学的运转机制。单一枯燥的教学方式会大大降低课堂教学微观生态系统的运转有效性，导致课堂教学毫无生机和活力，所以在大学英语教学改革当中，要把引入多元化教学方式作为改革重点。一是授课内容多样化。大学英语教学内容不能够局限在教材与教育大纲上，而是要进行知识内容的拓展，除了用好语言教材之外，还需要拓展多种形式和不同载体的语言学习资料，使其成为语言教学的发展推动力，力求最大化提高学生的语感以及语言积累，为语言应用奠定基础。例如，英语原声电影、英语歌曲、英文广播、英语报纸、英语杂志、英语文学作品。二是授课方式多样化。教师要善于结合学生以及授课内容的差异化选用不同的授课方式。比如，讲授式方法需要先从增强学生学习兴趣着手，紧接着导入新课并进行新课内容的讲解，然后帮助学生复习巩固已学知识，结合学生学习反馈对学生进行个性化指导。讨论式教学就是先设计优质问题，鼓励学生互动讨论，然后由教师进行重点讲解以及归纳总结，在师生双向沟通当中完成教学任务。发现式教学注重的是先创设良好教学情境，给学生提供学习素材，然后鼓励学生进行探究互动，从而顺利完成学习转化。

2. 建设生态化教学环境

生态语言学高度重视环境对语言的影响，强调在语言教学当中要把打造良好的生态环境作为重中之重，充分发挥环境对生态主体的积极作用。良好的教育环境是推动英语教学改革的重要保障，所以英语教师和学校要全力支持良好教育生态环境建设，将和谐、生态、平衡等教育理念贯穿教学环境建设全过程。一是打造和谐社会环境，在全社会倡导正确的英语学习观以及英语终身学习思想，指出英语在国家沟通交流当中的重要意义，强调语言跨文化交际能力培养的重要性。二是打造优良的学校环境。学校方面需要积极壮大英语教育改

---

① 张艳玲. 英语教学的理论、模式和方法［M］. 青岛：中国海洋大学出版社，2018：132.

革的师资力量，不断完善教学设施设备，尤其是补充现代化英语教育资源，通过完善软硬件设施，配合英语教学活动的开展，给英语教学改革提供强有力的支撑。在校园文化环境建设当中，可以有效利用广播站、宣传板、墙报等方式渗透英语文化内容；播放英语原声电影、英语歌曲等对学生进行良好的英语语言熏陶；积极组织英语角活动，密切学生之间的英语语言交流；组织校园英语演讲、辩论、表演、歌唱等比赛，打造良好的英语教学氛围。

3. 构建生态化教学评价

教学评价在教学活动当中扮演着重要角色，贯穿教学全过程，为学生的发展和教学改进提供了有力支持，也在打造英语语言教育生态系统当中发挥着积极作用。为了多角度了解学生的学习现状，发现实际问题，实现对学生的客观综合点评，得到更加及时的反馈信息，就需要在教学评价方面，改变以教师为中心的单一化评价模式为多元主体参与同时引入多元评价方法的生态化教学评价体系。在多元评价主体的参与当中，需要把自我评价、互相评价、教师评价方法进行有效结合，同时注意学生对教师的点评，帮助学生自我监控学习过程优化学习策略。在评价内容方面应该力求多元化，既关注学生的考试成绩以及作业完成情况，又要重视学生在学习当中的态度、兴趣、参与度、合作精神、学习策略运用等方面的表现。在评价策略的选择上，可以引入档案袋评价法、问卷调查法、检测法、访谈法等。

4. 提高教师的综合素养

促进教师综合素质的发展是教师立足生态语言学指导，促进英语教学改革的基础和保障，也是提高英语教学质量的首要任务所在。在大学英语教育生态系统当中，教师与学生是最重要生态因子，而教师因子对学生语言能力发展以及综合素质的养成影响是最突出的。为推动教师综合素养的发展，助推英语教学生态化建设，首先教师要在思想观念上进行转变，认清自己的角色，从过去的以教师为中心转变为如今的以学生为中心，确立学生在课堂学习当中的主体地位，准确把握学生的学习需要，发现学生的喜好以及关注点。与此同时指导学生主动参与多样化的课堂活动，优化教学和学习的互动，打造英语深度教学课堂，优化英语教育生态。其次，教师在对学生进行教学时，应该自觉自主提升个人的专业知识以及专业技能，并在此基础之上进行实践拓展开阔视野以及知识面，以便在对学生进行指导的过程中对学生起到良好的示范引领作用。此外教师的教学态度，个性心理等也是小生态，影响着学生的心理态度以及学习效果，所以教师要建立严谨认真的教学态度，用开朗活泼、和蔼亲切的个性，给学生学习英语语言提供有力支持。

在大力推动生态文明建设的背景下，生态语言学作为语言学和生态学的交叉学科，凭借其独特的优势显现出极大的发展潜能，并逐步具备生态文明属性。生态语言学研究事物和周围生态环境的彼此作用，而在教育教学当中基于生态学角度分析教育环境，能够有效了解影响英语教育质量的多元要素，并通过对整个教育生态系统构成因子的调整，确保英语教学效果。英语教师在基于生态语言学指导进行英语教育改革时，应该坚持从实际出发原则，将维护英语教育生态系统的平衡性作为重点，在教学内容、教育模式、教学环境等诸多方面开展生态化改革，确保英语教育的整体改革成效。

第三节　英语教育生态模式的内涵与特征分析

一、英语教育生态模式的内涵

英语教学是植根于中国社会文化语言生态环境之下，学生将英语语言知识作为载体，英语教师充当引导者的身份，帮助学生在对英语语言文化了解与接受的基础上，对语言概念体系加以构建，从而培养学生语言与思维“天人合一”的思维方式，促进他们形成和谐、统一、动态的交往模式。英语生态教学模式下的教学环境不仅涉及课堂教学环境，还包含学校环境、社会语言学习环境等，但是课堂教学环境占据主要位置。

英语教育生态模式是集合整体性、系统性、动态性、协调性为一体的一种教学模式，其从多个视角对教师、学生、语言、语言环境的作用进行分析和研究，并探讨了这些层面对语言习得的影响。因此，人们可以采用突现理论对语言生成进行整体的认识，采用多维时空的流变性对语言学习过程进行研究，采用符担性对语言学习与环境之间的关系加以探讨，这样才能对英语生态教学与研究有全面的认识，也才能更好地指导英语生态教学。

二、英语教育生态模式的特征

（一）整体性

存在于生态课堂之中的整体性特征，也就是将英语教学课堂当成了一处小范围拥有生态系统的环境，注意存在于生态型课堂当中的每一个元素以及它们相互之间的作用及联系，用最大的努力把每一个元素在生态环境中所处的位置调整到最佳，努力削减限制性元素的量，从而减少限制性元素引起的消极反应，使得生态功能能够在英语课堂当中发挥出最好的效果。存在于学生英语课堂当中的任意一个元素发生改变之后，都一定会引发一系列的相关反应，从而就会破坏课堂里本来的生态平衡状态，打乱课堂有规律的发展方式。

（二）共生性

所谓共生性，是指英语生态课堂主体之间相互联系、相互作用、共同生长。在校学生及任职教师是生态型英语课堂中的主要组成部分，他们的共生性大致从以下几个方面体现：首先是偏利共生关系，也就是说生态主体之间的相互作用，仅仅对一方有益处，然而不会对相对一方产生任何作用。那些主要通过教师讲课授课的传统型课堂，非常容易产生这种偏利共生的关系。其次是无关共生关系，也就是说生态主体之间互相作用于彼此，虽然不会产生好处，但也不会产生坏处，出现这种现象的关键在于学生和学生之间、教师和学生之间缺少信息、能量和物质的交换。最后是互利共生关系，也就是说元素之间的互相联系与作用都是向上的，可以使得双方相互促进成长，如教师和学生之间存在的教与学相辅相成的这种关系，还有学生和学生之间团结互助的合作关系。因为这种关系可以帮助减少生态型课堂当中的因内部纠葛而形成的无谓消耗，大大提升教学在单位时间完成的工作量，因此格外受到生态型英语课堂的喜爱和重视。

第四节　英语教育生态优化

一、英语教育生态优化的原则

（一）遵循可持续发展的原则

可持续发展强调持续性、共同性和公平性原则，事物发展的各阶段都是相互依存的，目前的发展是将来的基础，要保证事物持续性的发展；强调发展的整体性和协调性，任何一方的发展变化都会作用于整体，不能因为一方的发展而损害另一方甚至整体的利益；强调各个生态主体都拥有平等的权利，应当互相尊重。

人们一直在提倡可持续发展，这就需要人类充分地意识到可持续发展的价值和意义，从而采取必要的措施来推进可持续发展。也就是说，在可持续发展中，人类这个因素发挥了十分重要的作用，是不可忽视的主体。在教育生态中，人类的作用同样重要，它是生态主体，人类对于教育生态的观念以及行动等都会对教育生态产生较大的影响，因而在英语教育生态优化中，人类一定要遵循和秉承可持续发展的原则，从而更好地发挥教育的作用，促进英语教育稳定发展。首先，英语教育生态系统作为一个可持续发展的系统，其优化应当以培养个体的可持续发展为目标，重点是使学生获得终生学习的能力，即学会如何学习、怎样学习。知识如同浩瀚的海洋，人类不可能掌握全部的知识，所能做的就是培养掌握知识的能力，只有拥有了这种能力，才能增强在社会中生存和发展的潜力，才能赋予个体旺盛的生命力。其次，从可持续发展的角度看，英语教育的优化不仅包括英语知识的传递与习得，更应该重视学生身体、心理的健全发展，忽视任何一方都会对另一方产生影响，不利于学生生命的健康成长。再次，教师、学生、环境和其他生态因子都是英语教育系统可持续发展的必要组成部分，教师或学生的发展不能以牺牲教学环境或其他因子的利益为条件，师生和其他各因子是一个统一整体，任何一个因子的缺失或损坏都会引起整个英语教育的紊乱。因此，英语教育的可持续发展应当兼顾全局，注重整体效益的发挥。

（二）遵循生态系统整体性的原则

通过分析生态世界观的相关理论内容可以发现，实际上，人类生活的世界是一个统一的整体，并不是割裂开来的部分，世界中的各个生态子系统共同组成了整个生态系统，而且世界这个生态系统中的各个成分都是处于一种动态的平衡之中。换句话说，英语教育生态优化一定要遵循生态系统整体性的原则，要充分地意识到英语教育生态系统也是一个完整的整体，这个系统中的各个组分之间相互联系，相互发生作用，它们是不可分割的有机体，因而人们在分析和研究英语教育时应该从宏观、统一的视角来分析，而不应该忽视某些成分，从片面的视角进行分析，那样只会让人们得出错误且片面的结论。

具体到英语教育实践中，当人们用整体的角度来分析和探讨英语教育系统时就能够更加全面地认识英语教育系统，即英语教育生态系统中包含多个不同的生态主体，如英语教师、学生、管理者等，他们在一定的英语教育环境中与英语环境、其他生态因子等相互发生作用，从而使英语教育生态系统达到一种相对平衡的状态。我们需要强调的是，在英语教育系统之中，各个生态要素之间联系十分紧密，它们在教育生态系统中分别发挥不同的作用，因而这些生态要素都是独特的部分，它们都有一定的价值，不存在哪种要素优于哪种要素的情况，它们之间都是一种平等的关系。此外，在英语教育系统之中，所有的生态因子都不是独立存在的，因而它们就一定会受到其他生态因子的影响，这种影响和制约是客观存在且无法消除的。也正是通过各因子之间的此消彼长、竞争与共生，才使得整个系统得以不断发展，从而不断追求英语教育整体的最大效益。

具体说来，英语教育系统的整体性表现在：首先，英语教育系统中生态主体本身就是一个有机、系统的整体，体现的是作为个体的“人”的整体性。在该系统中，学生是最重要的生态主体，大学英语的教学不仅要关注学生语言知识的习得，更要把学生看作一个完整的生命有机体，注重其情感、价值观等方面的发展，赋予学生完整的生命教育，才是生态化英语教育的出发点和落脚点。其次，生态化英语教育系统中的师生是一个统一的整体。师生关系从传统的教与学、“二元对立”的关系转变成平等对话、互惠互利的生态关系。教师的“教”要以学生的“学”为基础，教师教学方法的使用、教学语言的选择和教学手段的取舍都要以学生为中心，尊重学生身心发展的规律；反过来，学生的学习态度、学习行为和学习兴趣也影响着教师情绪的变化和教学能力的发挥。因此，只有建立生态型的师生关系，师生整体才能得到优化，实现师生的“共生”。再次，英语教育活动的各部分也应该具有整体性，表现在：教学目标上的整体性包括知识、技能、方法、情感等的培养是为了促进学生的全面发展；教学内容的整体性不仅强调课内与课外、教材与现实的整体联系，也主张相邻知识或性质相近学科间的整合，主张跨学科或超学科的互动；教学评价的整体性指的是要把学生看作完整的人进行全面的评价，不能仅是对学业的评价或是侧重于某一方面的评估。最后，生态主体与环境也是不可分割的一个整体。英语教育中的空间环境（如教室的大小、桌椅摆放等形成的环境）、文化环境（如师生服饰、习惯习俗等形成的环境）及精神环境，无一不对师生的教和学产生直接或间接的影响。最后，英语教育系统本身就是一个整体，教学中的每一个因子都有其存在的价值，英语教育的成功在于各因子的综合作用，实现其整体效力。

（三）遵循生态系统开放性的原则

生态系统在本质上是开放的系统，因为任何一个生态系统都必须保持着内外的开放，才能不断地进行物质、能量和信息的交换，众所周知，世界上的生物非常多样化，而且这些生物都生活在地球这个环境之中，我们可以确定的是，所有的生物都生活在一定的环境中，并且和其他生物之间产生一定的联系，根本不存在完全和外界隔离的生物。同样的道理适合于生态系统中，每个生态系统都包含若干个生态因子，而且每个生态系统都不是孤立存在的，这就要求英语教育生态优化必须遵循生态系统开放性的原则，从而利用相关的理论更好地指导英语教育实践活动，其具体表现在如下几个层面：

第一，生态主体必须要具有一定的开放性。在英语教育这个生态系统之中，它的生态主体主要就是教师和学生。众所周知，每个个体之间存在个体差异，因而无论是教师还是学生，他们都具有不同的性格、学习方式等，他们都是独特的个体。因而生态主体的开放就是指教师以及学生都要对他们保持一种开放的心态，要敢于展现自我，敢于和他人进行交流等，从而展现个性，展现自身的优势并且学习他人的长处等。一方面，师生之间、生生之间不断的交流与互动不仅促进知识的传递与吸收，而且也是生态主体情感交流的过程，是促进师生身心健康的重要途径。另一方面，由于师生都具有一定的社会属性，生态主体的知识建构不可避免地也会受社会因素的影响，并在与其他生态主体的交流中实现传递，从一定程度上讲，师生所关注的已经不仅仅局限于教材。

第二，生态环境必须要具有一定的开放性。环境的开放具体体现在如下几个方面：其一英语教育生态系统的内部环境一定要开放，这样生态系统内部的各个生态要素才能够和谐相处，才能够融洽地开展各项英语教学活动，从而使系统内部的教师和学生之间真正地建立一种平等、新型的师生关系；其二，英语教育生态系统要始终和它外部的环境保持一种开放的状态，从而促使英语教师能够和外界互动，能够积极地学习和吸收其他领域的专业知识，并不断丰富和提升教师的专业素养，为学生的英语学习提供优质的教学。其三，英语教育生态系统的开放性还具体表现在我国各个高校的英语教育者都应该重新对英语教学进行定位，即英语教学并不是一个单独且孤立的学科，实际上它和很多学科之间都有着千丝万缕的联系，因而英语教师在教学实践中应该加强英语和其他学科之间的联系，从而使学生能够从更加全面的视角学习英语的基础知识和技能等。

（四）遵循生态系统动态平衡的原则

英语教育生态优化在具体的实践中还需要遵循生态系统动态平衡的原则，这也表明了英语教育生态系统并不是一个完全不会发生改变的系统，它是处于一种平衡的状态之中，但是这种平衡是一种动态的平衡，即英语教育生态系统会发生改变，只不过维持了一种动态的平衡而已。在具体的变化中，它始终遵循着如下变化的过程，即平衡的状态达到不平衡的状态，然后再由不平衡的状态达到一种新的平衡的状态。

首先，英语教育系统的动态平衡应该体现在教学与外部环境间的平衡上。

在目前基于计算机和课堂的新型教学模式下，学校应当为英语教育创造良好的教学支持环境，从硬件上来讲，要配备英语教育所需要的各种多媒体网络设备，并进行及时的维修和更新，保证学生的自主学习能够不受时间、地点和设备条件等因素的影响，切实提供充分、优良的环境和条件；从软件上来讲，要从培养师生正确的信息观念，切实提高教师掌握和运用信息技术的能力，完善教学服务体系等方面入手。只有保证了良好的教学环境、充足的教学资源才不会对大学英语的教学形成相应的障碍。在强大的信息技术和资源的支持下也有利于防止英语教育系统相对封闭、防止其与社会脱节，它更有利于促进该系统内物质、能量和信息的有效循环，进而优化英语教育的功能。反之，缺乏良好的教学支持环境，教学服务跟不上、管理和运用不当就会给大学英语的教学带来滞后性，无法满足社会的进步和学生的需要，也无法实现大学英语自身的发展，因而会造成教学和环境之间的失衡。

其次，英语教育系统内部的平衡也是动态发展的。这不仅体现在教学观念与教学行为、教学内容与实际需求、教师与学生等因子之间的相互制约与发展，也体现在教学过程中知识与情感的交流与碰撞中。一是世界上不可能有能够预测一切的教学计划，因为教学总是处在不断变化中的，会有突发状况的发生，随着学生知识容量的增加和知识体系的变化，其需要、目标和方向等都可能发生变化，这就要求教师、教学都必须做出相应的调整，必须处于一种生长、变化的过程，以适应学生主体的变化，也只有这样才能保证英语教育的稳定和发展。二是在教学与交流的过程中，生态主体之间难免会出现这样或那样的矛盾，然而也只有在师生共同寻找问题、发现问题、解决问题的过程中，才能达到师生的和谐、统一。这一过程不仅是知识的传承与发展，也是生态主体心理与情感的发展过程，是实现自我成长和师生共生的必由之路。

二、英语教育生态优化的策略

（一）关注学生种群内部的生命成长

在英语教育的生态系统中，最为重要的生态主体就是学生，与此同时，在这个系统的内部，学生的种群也占据中心位置。学生这个群体当中的每一个个体能不能健康地成长起来、每一个个体之间的关系是不是能够得到比较好的发展，都对整个英语教育系统的发展有着非常重要的作用。在学生这个群体之中，每一个学生都是不一样的，都存在一定的不同之处，即便是这些学生的年龄差不多，专业也一样，但是，每个学生的兴趣爱好、性格、背景等都不一样，每个学生都是独一无二的。就是由于每个学生个体认知的能力不一样、发展的水平不一样，促使每个学生在生态系中的位置也就不一样。因此，在教学的过程中，教师要对每个学生在生态系中的位置进行关注，对每个学生个体的特点进行分析，针对性地选择个性化的教学策略，采用比较具有针对性的教学内容和教学方法，从而不断优化学生的生态位。

与此同时，英语教师还应该有这样的认知，那就是，在教育生态系统中，学生的位置并不是一直不变的，当环境变化的时候，其会发生变化，当其他因素变化的时候，其也可能发生一定的变化。因此，在教学的过程中，大学英语教师要对学生这个群体的内部的关系给予高度的重视，对生态位原理进行有效的利用，从而优化种群内部的关系。根据生态位的竞争排斥原理，教师可以按照教学和学生的具体需要，采取措施促进学生生态位的重叠与分化。在自然界，物种生态位的重叠会引起激烈的资源竞争，造成资源危机，大多数情况下是不利于该物种或系统的整体发展的。然而英语教育生态系统不同于自然界的生态系统，其中的很多教学资源是可以实现再开发、再利用、再循环的，因此，在具体的情况下促进学生生态位的重叠有利于学生个体的发展和英语教育的顺利进行。如教师可以通过采取学生合作学习的方式促进生态位的重叠。学生以小组为单位，采取共同学习的方式，同时参与教学资源的探索与开发。在这种情景中，学生虽然享有相同的材料和资源，但学生个体之间通过不断的讨论和交流，不仅解决了问题，完成了学习任务，又学习了他人的技巧、方法和策略，同时还提高了交际能力，增进了友谊，丰富了学生的精神生活。同时，教师根据情况和需要也可以采取措施促使学生生态位的分化。因为学生毕竟是有着各自特点的不同个体，英语教育应当赋予学生展示自我、发展兴趣的机会，使学生充分发挥自己的长处，形成区别于他人、具有强大竞争力的生命个体。而且学生在学校学习中形成的知识结构、能力强弱、素质高低也在一定程度上决定了其在未来社会中的生态位。英语教育可以通过设置多种课型促进学生生态位的分化，根据学生的兴趣设置不同的选修课程，为学生提供宽松的学习环境和广阔的发展平台，使学生在不同的课型中找到自我，充分展现自己的才华，获得自我满足感，从而有利于学生树立自信心，有助于其认清自己的潜力，明确发展的目标，促进学生成为具有鲜明的个性特征和创造力的生命个体，同时这也是对学生个体生态位的尊重，是促进学生学习生命发展的有效途径。

英语教育不只是需要推动学生这个群体的内部的各个生命的成长，还要发展学生的自组织的能力。所谓的系统的自组织指的是，系统并不会受到外界的影响，而是借助于系统内部的各个生态因子的相互性的作用，形成一种比较有序的结构的动态化的过程，再换一句话说就是，系统可以进行自我调节。实际上，每个学生个体就是一个生态系统，当遇到外在因素的影响的时候，学生并不是被动地反应，而是通过自我调节进行调整。如今这个社会，资源非常丰富，学生可以自我过滤对知识建构没有意义的信息，并且在自我知识结构的基础上有效利用具有价值的信息，从而对自己的知识结构进行重新建构。在教学的过程中，教师尽可能地发展学生的自组织能力，这一个过程实际上就是学生学会这样学习的过程。

教师可以充分利用"群体效应"促进学生种群内部的生命成长。英语中学生种群内的类型有正式群体、非正式群体和半正式群体等，群体内和群体间交往的模式和形态对学生个体的发展和英语教育的开展都起着一定的作用。应当利用群体中积极因子的作用，发挥其影响力，带动整个群体，形成良好的氛围；应当重视群体中的具有消极作用的因子，采取措施消除其负面作用。教师应当充分了解英语教育中所形成的各个学生群体，对其进行因势利导，充分发挥群体凝聚力的特点，促进成员间的互帮互助、相互学习、相互监督等，发挥群体的效应。

（二）重视种间的协同进化

英语教育系统是一个有机体，其组成因子包括：生态主体、教学要素等。在这些因子中，任何一个因子发生了变化，其他的因子也会随之发生一定的变化，我们把这种相互作用和相互影响的进化关系称为协同进化。英语教育可以说是一个完整的系统，其内部的各个因子只有协同发展起来，才能真正促进整个生态系统达到平衡。我们要想优化英语教育系统，就需要对种群之间的相互作用给予重视，不断促进种群之间的协同进化。

在英语教育系统中，最为主要的生态主体就是英语教师和学生，英语教师和学生也是其中最为重要的种群，所以，我们一定要处理好英语教师和学生之间的关系，促进二者的共生。所谓的共生，指的是教师和学生彼此互为对方的条件，教师和学生中的任何一方发生变化的话，另一方也会发生一定的变化，因此，我们要把教师和学生的共生当作目标，从而建立一种新型化的教师和学生的关系。在生态学的指导下所形成的教师和学生关系应该是民主、平等、对话的关系。在交流的过程中，不论是教师还是学生，在平等对话的基础上，都可以把自己的想法和观点表达出来，在一起学习的过程中，各自形成新的观点。在这个过程中，教师和学生可以说是一个整体，他们的地位和拥有的权利都是平等的，也都拥有参与的权力和表达自己观点的权利；教师对于教学更多的是发挥主导性作用，而不是主体性作用，学生才是自己学习的主体；教师和学生之间要相互尊重，并且相互促进，从而实现共同的发展。除此之外，教师和学生之间的感情是协同进化的。在教学的过程中，假如教师饱含热情和激情的话，就能更好地把学生的热情激发出来，假如教师的情绪比较低沉的话，就会促使学生厌倦学习；同样的情况，学生的精神状态也会对教师的教学情绪产生一定的影响。所以，在开展教学的过程中，教师要把情感方面的作用充分地发挥出来，积极构建民主和平等的环境，达到师生关系的融洽，最终促进协同发展。

我们要想促进种群之间的协同进化，就需要想方设法把限制性因素转变成非限制性因素。在开展英语教学的过程中，存在很多限制性的因素。比如，教师的观念太陈旧的话，就会对教学的顺利开展产生影响；教育经费的不足影响教育资源的建设等。所以，在实际开展教学的过程中，各种各样的因素都可能成为限制性因素。这个时候，教师要把自身的主观能动性充分地发挥出来，找出其中的限制性因素，并且尽可能降低限制性因素的影响，促进师生之间的和谐，最终促进英语教育的发展。

第六章　推动英语教育发展的核心因素——英语教师的专业发展

英语教师的专业发展是推动英语教育发展的核心因素。在时代的浪潮中，英语教育改革被不断地推进，而这也对英语教师产生了新的要求。本章主要论述了教师专业发展的基本理论、新时期英语教师的基本素养、英语教师专业发展的内涵和模式、英语教师专业发展的内在要求及基本路径等内容。

第一节　教师专业发展概述

一、教师专业发展的含义

教师专业发展是指教师作为专业人员，在专业思想、专业知识、专业能力等方面不断发展和完善的过程，即从新手型教师转向专家型教师的过程。

教师专业发展包括教师群体的专业发展和教师个体的专业发展。教师群体的专业发展是指教师职业不断成熟，逐渐达到专业标准并获得相应的专业地位的过程。它既是教师个体专业化的条件和保障，也最终代表着教师职业的专业化。从历史发展的总趋势来看，教师专业发展的核心和最终体现的是教师个体的专业发展。

二、教师专业发展的内容

教师专业发展包括五大内容：专业知识、专业技能、专业伦理、专业精神、专业智慧。这五大内容在教师专业发展中相互联系、相互促进，并融为一体。其中，专业知识和专业技能是教师专业发展的基础，专业精神是教师专业发展的动力，专业伦理是教师专业发展的保障，专业智慧是教师专业发展的最高追求和集中体现。

三、教师专业发展的特征

（一）专业发展的终身性

20世纪60年代提出的“终身教育”的理念，主张把教育贯穿到人的一生之中，活到老、学到老。教育能够在每个人需要的任何时刻，以最好的能力提供必要的技能。今天已经步入学习化社会，大家都在学习，学习成为一个逐渐学习知识、培养能力的过程，教育为人生的各个发展阶段提供全程的支撑。在这种理念下，教师应该不断地学习和研究，以促进自身专业发展。

（二）专业发展的阶段性

教师专业发展具有明显的阶段性，有降有升。“阶段性”一方面表示各个教师在发展的过程中会经历不同的发展阶段，呈现出不同的发展特征；另一方面表明教师之间的发展水平是不相同的，是具有差异的。教师专业发展阶段性，一方面有助于教师对个人的专业发展具有目标和计划，从而促使教师提出各种不同的发展阶段理论；另一方面有助于关注不同发展水平教师的发展需要，进而采取有效的方法，促进教师专业发展。

（三）专业发展的自主性

教师职业的特殊性决定了教师专业发展的自主性。教师的教学过程就是师生的对话教学过程，它是一个主体与主体交流的过程。教师专业发展的前提和基础是教师专业发展。教师在写教案、规划教学活动、选择篇目时，应有充分的自主性。教师的专业发展是教学理论知识、应用场景、教师的个人特征这三个因素融合的过程。在这个过程中，教师的自我专业发展意识和个人能力是极为重要的两个因素。人要发展取决于内外两个因素，而其中内部因素是发展的根本原因。对于教师专业发展而言，教师需要将外在的影响力转化为自身专业发展过程的内部动力。也就是说，教师专业发展必须具有教师专业发展意识。内部动力的根本原因在于发展的需要、自主意识和能力。教师专业发展要通过各种相关的外在的影响力激发教师的自我引导、控制和成长。

（四）专业发展的丰富性

教师的专业发展具有丰富性，“丰富性”体现了教师专业发展的复杂性，从而决定了教师专业发展的多样性。教师工作包括多个方面，有观察学生、组织教学活动、创造问题情境、了解学生心理等。教师的专业发展存在于这些活动中。教师专业发展既是知识与能力各方面内容的传授，更是情感与态度各方面的体现。

（五）专业发展的情景性

教师角色的最终塑造必须在实践环境中进行。而教学情境具有不确定性，教师需要随机应变。教师的专业发展必须与教学情境相联系，教师通过对实践情境的反思，不断调整，获得持续发展的基础。因此，学校在促进教师发展的过程中，应以具体的问题情境为基础，注重教师的反思和不断调整。在学校中，应建立一种相互合作的文化，以便促进教师的成长。

四、教师专业发展的要求

（一）学会学习，成为终身学习者

教师必须不断更新观念、知识和能力，掌握现代教育技术，并用于自己的教育教学，以适应不断变化的时代对教育提出的要求。每个教师都必须成为终身学习者，不断地学习，提高自己的知识水平。过去常常津津乐道于教师“一桶水”相对于学生“一杯水”的丰富渊博，现在“一桶水”的容量已远远不能满足学生的需要，教师必须时刻吸纳新知，不断丰富和提高自己，成为学生的“源头活水”。否则，不仅难以在学生面前维持自己的威望，在专业发展方面也会遭遇重重困难。

（二）勤于反思，成为反思的实践者

教育反思，就是教育者把自己已有的教育实践作为思考的对象，对已有的教育实践成败原因进行探求，从而获得解决教育实际问题的新知。教育反思作为一种专业发展的方法，应该以专业知识作为基础，以教育活动成败原因的探求为方向，以获得教育实际问题的解决为目的。

教师的教学反思一般会涉及对教育教学观念的反思，对课程内容和具体教学内容选择的反思和对教学过程及其教学方法的反思。教师常用的反思工具有教学日志、教育案例等。

教师应该培养起自己的“反思”意识，不断反思自己的教育教学理念与行为，思考各种教育行为的后果，不断自我修正、调整和更新，从而加快自己的专业发展与成长。

（三）重视沟通，加强交往与合作能力

教师要高度重视交往与合作能力的培养。在现实情况下，教师之间存在竞争关系，但同时也有合作关系。新时代的社会在竞争加剧的同时更加强调交流与合作，强调双赢和共赢。教师之间的交往与合作有多种形式。日常教学之余，教师之间可以相互交换意见，彼此分享经验。同科教师之间可以在一起讨论教学方法，相互合作设计课程。不同学科的教师也可以相互学习和借鉴，或在相关学科知识方而提供专业帮助等。

此外，师生之间的交往与合作也是相当重要的。在这方面教师应该积极主动，为“生”师表。教师应该努力成为师生关系的艺术家，积极与学生进行交流，必要时甚至可以积极与学生合作，共同完成教学。

（四）勇于创新，加强创新精神和实践能力

教师必须通过创造性教育来培养学生的创新精神和创新能力，将学生培养成会创造的人。这首先要求教师培养起自己的创新能力。教师应该经常主动更新观念，学习新知，在教育教学和日常生活的一点一滴中，有意识地培养和强化自己的创新精神，创造性地进行教育教学，不断提高自己的创新能力。教师的专业发展是在不断创新中实现的。

第二节　新时期英语教师的基本素养分析

英语教师的基本素养是指从事英语教育和教学职业的教师应具有的专业能力和素质。一个优秀或成功的教师应该具备多方面的专业要求，概括起来包括了三个方面：专业知识、专业技能和专业情意。具体来讲，一个合格的英语教师应当具备以下几方面的基本素养。

一、敏锐的职业意识和高尚的职业道德

要成为一个合格的英语教师，主要应具备以下三方面的素养：思想情感和道德情操素养；专业、文化知识素养；教育理论与教学研究能力，其中思想情感和道德情操被放在了教师素养的首位。

职业意识和职业道德总是密不可分。当英语教师明白了自己所从事的职业是向学生传授一门英语知识和培养学生运用一门英语的能力时，他/她往往就

会产生教英语和学英语的思想情感，这种思想情感也就是我们所说的职业意识。英语教师的职业意识不仅引发英语教师思考如何教好英语和如何让学生学好英语的问题，而且促使他们用一些作为英语教师应具有的职业道德来约束自己的教学行为，进而在长期的教学经历中形成比较固定的道德情操。

教师的职业意识和职业道德所涵盖的内容多而泛。作为一个英语教师，除了具备教师所应具有的职业意识和职业道德外，还应当围绕几个要点完善自身的职业意识和职业道德：

（一）热爱祖国，遵纪守法，做一个文明、高尚的人

热爱自己的祖国，做一个遵纪守法的人，做一个讲文明、懂礼貌的人，这不仅是对英语教师的最基本要求，也是对所有教师，甚至可以说是对所有社会人的要求。

语言与社会总是联系在一起，学习一门英语必然会接触英语国家的社会制度、风土人情等。这其中既有值得我们学习和借鉴的人类文明的精华，也有应当鄙视甚至抛弃的糟粕。作为英语教师必须有正确的鉴别能力，绝不能将一些不适合在我国提倡的所谓“西方习俗”有意无意地渗透在实际教学当中，更不能因为知道了西方社会制度的一些可取之处，就对自己祖国的前途失去信心。教师的有些不良言行看似微不足道，却有可能对学生产生潜在的负面影响。

（二）为人师表，言传身教

教师的一切活动，包括课内的与课外的，有声的和无声的，有形的或无形的都是塑造人类灵魂的工作。

在英语教学中，教师的言传身教显得非常重要。英语教师的一言一行都对学生学习英语具有示范、榜样的作用，对学生学好英语有潜移默化的影响。比如，如果教师要求学生把英语字母写得横平竖直，那么教师首先必须十分规范地写好每一个字母，特别是在板书时要为学生做好示范；如果教师要求学生熟读一篇课文，那么教师就要能基本熟练背诵这篇课文；如果教师让学生大胆开口说英语，那么在课内教师就应当尽量用英语授课，从而为学生创设一个学习英语的氛围，同时也为学生用英语表达做出表率；在课外教师也要尽可能多地用英语与学生交流，从而引导和启发学生将所学的英语知识运用于实际生活之中，帮助学生在学中用、在用中学。

英语教师在学生中的楷模作用还不仅于此。学好一门英语必须有相当的毅力和恒心。没有人能轻而易举地掌握一门英语，只不过有些人学习英语的方法

比较科学、有效，因而学习起来就比较轻松，但这其中也必然要付出心血和努力。在学生学习英语的过程中，尤其是遇到记不住单词、用不准语法或写不好句子，甚至在学习上落后于他人时，教师的榜样作用就尤为重要。英语教师应以自己的学习毅力和信心影响和培养学生学好英语的坚韧意志。

（三）不崇洋媚外

教学一门外国语言必然涉及外国的文化与文明。因此，树立民族自尊心和自信心对英语教师来说尤为重要。

不可否认，不少西方国家在科学技术、经济教育等领域领先于我国。英语教师在涉及西方优秀文化传统的内容时，绝不能借此故意贬低中华民族的文明历史和发展现状，而应当引导学生在学习和借鉴西方文化的同时，不要忘记我国悠久的文明，特别是要让学生看到改革开放以来我国在各个领域赶超发达国家的历程中所取得的辉煌成就，让学生在学习外国优秀文化的同时增强民族自豪感。

英语教师在学习、借鉴和应用国外的语言教学理论和方法时，必须牢记要紧密结合中国的教学实际，切忌盲目照搬国外现成的教学模式和教学方式，更不能错误地认为只要是外国的教学理论和方法就一定比国内“土生土长”的理论和方法有效。一种教学理论、教学途径或教学方法是否能在教学实际中产生理想的效果，关键是要在教学实践中检验这种理论、途径或方法的可行性和有效性。有些在国外良好的语言运用氛围中十分有效的教学路子，在我国缺乏运用目的语的环境中就不一定能取得同样的效果。有些适用于国外小班教学中的教学方法，在我国大班教学的实际中就未必能行之有效。唯有把先进的教学理念、教学途径和教学方法等与本国、本地、本校以至本班的实际（比如，教师的水平与能力，学生原有的学习基础等）相结合，才能取得预期的教学效果。

（四）教书与育人并重

热爱自己的本职工作，努力钻研做好本职工作的技能和技巧；热爱自己的学生，不仅教会学生英语知识和努力，还能在英语教学中有效地与学生沟通，并能将发展学生对英语学习的情感态度恰如其分地融入英语教学之中，这是每位优秀英语教师应具有的优良品质。

英语教师的主要职责就是在向学生传授英语知识和培养学生运用英语交际的能力，但是作为教师还有一个义不容辞的责任，那就是教会学生如何做人，即将教书与育人有机地结合起来。为此，英语教师必须学会在英语教学中将道德、思想和情感教育融入英语教学之中。

英语教师的教书育人可以具体体现在英语教学的方方面面。比如，对学生应当一视同仁，这本是每位教师应当遵循的职业道德，对于英语教师而言显得尤为重要。我们知道，英语学习中学生的两极分化现象比较常见。对此，教师一方面要深入探究造成这种两极分化的根源所在，另一方面要注意多帮助学习困难生，让这些暂时落伍的学生及时赶上班级的学习进度。在课堂提问时，既要照顾英语基础好的学生回答问题的积极性，又要给英语学习有困难的学生展示自我的机会。实际上，真正需要教师偏爱和特别关照的正是那些在学习上暂时落后的学生。英语教师对学生要公正。如果过分偏爱一部分学生而忽略另一部分学生，这会直接影响一个教师在学生心目中的形象，并极容易给另一部分学生带来心理障碍。

总之，良好的职业意识和职业道德（或者说思想情感和道德情操）是一个合格英语教师应具备的首要基本素养。

二、扎实的英语知识基础和娴熟的英语运用能力

作为一名英语教师，必须熟练掌握和运用所教的语言。就英语知识而言，标准的英语语音和语调是教师胜任英语教学工作的必要条件；熟悉所教英语的语法知识则是必备条件；掌握足够的能运用自如的英语词汇为必需条件。学生学习英语的发音主要是通过模仿教师的语音和语调学得的，如果教师的英语语音不准，语调不正，学生的英语必然会读得“四不像”。因而，词汇是语言的基石，不能灵活、熟练地运用足够量的英语词汇就不能给学生传授英语知识。简言之，没有扎实英语知识基础的教师就无法立足于英语课堂的讲台之上。

运用所学英语进行听、说、读、写的能力既是英语教学的重要目标，也是教师开展英语教学所必须具备的能力。能听懂和读懂所教英语不仅是教师培养和训练学生听力理解能力和阅读理解能力的基础，也是教师获取有关教学信息的必备技能。能用英语以口头或书面形式流畅地表达自己的思想是教师从事英语教学活动的必备能力。用英语组织课堂教学、用英语向学生传授英语知识和训练语言运用能力以及用英语与学生互动等，都要求教师具有流利的英语口头表达能力。教师具有良好的口语表达能力，不仅有利于创设英语学习的氛围，而且有助于师生之间运用英语进行互动，从而确保英语教学的顺畅进行。除了口语表达能力，书面表达能力也是教师必不可少的重要能力。

另外，翻译能力也是英语教师应当具备的语言运用能力。在许多教学情况下，依靠翻译的方式能解决学生学习和理解英语时的诸多困难，尤其是教学初学英语的学生时，由于学生的英语词汇量有限，对英语句式的掌握也不十分牢

固，此时用汉语解释一些抽象的词汇、概念或语法用法，更有利于学生理解和掌握所学内容，有利于提高教与学的效率。这就需要英语教师在掌握和运用好英语的同时，也要重视加强自己的汉语功底。

扎实的英语知识和娴熟的英语运用能力是一个合格英语教师必须具备的基本素养。

三、熟谙英语教育的基本理论

只要一谈到学习、掌握和运用教育理论，总有不少教师会这样认为："我在教学实践中已经积累了丰富的经验，因此我在教学中不但不会走弯路，而且教学效果也良好，我为什么还要学习理论？没有理论我不也把英语教得非常好吗？"还有些教师错误地认为，教育理论都是些高深的概念、原则和原理等，我们教师的理论基础薄弱，恐怕学不会深奥的理论知识。

上述关于教育理论的误区，究其根源在于教师没有理解教育理论与教育实践的辩证关系，更没有充分认识到教育理论对教育实践的指导意义。

教育理论来自教育实践，反过来又指导教育实践。没有理论指导的实践往往带有盲目性，造成教学效率不高，教学质量低下。仅仅靠在实践中摸索出的教育经验往往缺乏普遍性。只有在教育理论的指导和引导下，有效的教育经验才能得以科学的归纳、整理和总结，才能使其条理化，才能升华为具有指导或借鉴意义的优秀教育经验，才能使好的教育经验得以推广，才能使这些教育经验在更深入、更广泛的教育实践中得以验证，并在实践的检验中不断修正和完善。

英语教育的基本理论来自英语教育的实践。没有教育实践为基础，教育理论就成为无本之木，无源之水。正因为如此，英语教育理论的基本内容都是与英语教育的实践紧密结合在一起，以教育实践为依托来阐释英语教育的基本规律。英语教师依靠自己在教育第一线的优势，凭借自己对教学现场的把握和在教学活动中所产生的灵感，利用自己在教育实践中尝试、应用、检验和完善教育理论的有利条件，完全透彻地理解和掌握英语教育理论的基本理念。

既然学习和掌握英语教育的基本理论对教师的教育实践具有重要的指导作用，那么英语教师应当学习哪些理论呢？英语教师在语言教育理论的学习方面应重点学习以下各领域的知识：

（一）语言学

语言学就是研究语言的科学。语言学所涵盖的知识面非常广泛，大到对语言本质的探究，小到对一个音位、音素的分析；从语言的基本属性，到对语音、语法和词汇之特征的描述；从语言的产生与发展，到语言与社会、语言与文化的关系，都属于语言学的研究范畴。近几十年来，随着英语教育的发展，一门专门研究语言学与英语教育之关系的新兴学科，即英语教育语言学应运而生。英语教育语言学是应用语言学的一个分支，它以语言学、心理学和教育学为基础，从理论和实践角度研究英语教育的本质、原理、模式、原则和方法。语言学的分支学科很多，比如应用语言学、心理语言学、社会语言学、数理语言学、神经语言学、篇章语言学等。从语言学的内部来看，语言学又包括语音学、语法学、词汇学、语义学、语用学等。从某种程度上说，语言学的研究范围可谓包罗万象，凡是与语言相关的问题都可纳入语言学的研究视野之内。

学习和掌握语言学的基本知识能够使英语教师深刻认识语言，准确把握语言教与学的本质规律。对于英语教师而言，学习和了解语言学的基本知识，尤其是与语言的教与学密切相关的语言学知识，是至关重要的。作为语言教师，英语教师首先应当对语言是什么、语言的本质是什么、语言具有怎样的属性、教师教英语的目的以及学生学英语的目的是什么等问题，都要有正确的理解和认识。只有用科学的语言学理论武装自己的头脑，英语教师才能在其语言教育的实践中取得事半功倍的效果。例如，只有学习正确理解语言的本质及其运用的规律，英语教师才能明确语言既是人类独有的符号系统，也是人类思维的工具，更是人类最重要的交际工具，从而在头脑中牢固树立语言教育的目的是为了让学生学会用语言交际的理念。有了这样的教育理念作指导，教师就会把语言教育的着重点放在培养学生语言交际能力上，而不是让学生孤立地记忆大量的词汇，也不是让学生机械地背诵语法条文。有了对语言本质及其规律的正确认识，教师才会在教学中注重让学生通过语言实践学习语言，通过运用语言掌握语言，而不是以“满堂灌”的方式向学生灌输语言知识。

（二）英语教育学

教育学是研究教育现象及其规律的一门科学，诸如教育的一般原理、教育的本质、教育的目的、教育模式、教育方法、教育内容以及教育制度和教育管理等都属于教育学的研究范畴。英语教育学则是教育科学的一个分支（而不是语言科学的分支），是教育科学与英语教育相结合而产生的一门科学。英语教育学是以教育等学科以及英语学科相结合的理论为基础的应用性科学。英语教育的实践活动是英语教育理论的基础和源泉。

英语教育学所涵盖的研究范围主要集中在教英语和学英语两个方面。其主要内容包括英语教育的基本原理与原则、英语教学法的主要流派、英语教育的语言本质观、英语课程设置的基本原理、英语教学的目标、传授英语知识

（语音、语法、词汇）和培养英语能力（听、说、读、写）的要领和方法、课内外英语教学的组织与实施、英语教学技能（板书、电教手段以及多媒体技术等）及其运用原则、英语测试的基本原理及其方法、英语教师的素质与教师发展以及英语教育科研的原理及其方法等。

如果说语言学是英语教师作为语言研究者所应必备的知识，那么教育学就是英语教师作为教师所应必备的知识。对于英语教师而言，学习英语教育学的目的是为了把握英语的教与学的内在规律和本质。具体来说主要是为了解决以下几个问题：为什么教、教什么、怎样教和教得怎样。由于教和学是教学活动中不可分割的两个方面，因而研究教师教的行为必然会联系到学生学的行为。所以，研究教师为何而教、教什么以及如何能教得好的问题实际上也就是在探讨学生为什么学、学什么、怎样能学得又快又好。

（三）英语教育心理学

英语教育心理学是教育心理学的一个分支，是英语教育与心理学相结合的产物，是研究英语教学过程中教师的教和学生的学的心理活动现象及其规律的科学。英语教育心理学主要是探索研究学生在课堂教学中在教师的指导下自觉地、有目的地、有组织地和积极地掌握知识，形成技能，发展智力，培养能力和发展个性的心理规律和方法。

学习和掌握英语教育心理学的基本知识，是为了了解学生在英语学习过程中的心理变化，把握英语学习过程中学生的心理特征，并充分利用这些学生的心理特点，采取有针对性的教学方法，提高教与学的效果。英语教育心理学从学生学习英语的心理与思维过程入手，分析和研究学生学习英语过程中的心理变化及其规律。学生有其普遍固有的心理特性。为此教师在英语教学中一定要利用好这些特性，使其变为学生学习英语的有利因素。同时，每位学生又都有各自的个性、品质、性格等心理特征。只有了解了每位学生的心理特征，教师才能真正有效地因材施教，才能把握学生对英语学习的情感态度，才能在教学中注重充分激发学生学习英语的兴趣，才能在评价学生时注意保护学生的自尊心和自信心。只有了解学生的思维特点，教师才能更有针对性地安排教学内容、设计教学步骤和实施教学行为，才能使教学过程中师生之间的互动更为顺畅。

尽管英语教师应当学习和掌握的各类学科的知识还有很多，但语言学、英语教育学和英语教育心理学的基本知识是其中最基本的基础理论知识，它们构成了英语教师必备的教育理论知识体系。在这一知识体系中，这三者并不是孤立地对英语教育实践产生指导作用，而是相互借鉴、相互影响，特别是英语教育学与英语教育心理学中的许多知识层面都是相互联系，甚至是相互交叉的。学习、掌握并在教育实践中灵活应用这三门学科的基础知识是英语教师能够胜任英语教育职业的重要素养。

第三节　英语教师专业发展的内涵和模式

一、英语教师专业发展的内涵

英语教师专业发展的研究虽然已在国内外逐步兴起，但是研究成果并不成熟，“英语教师专业发展”这一概念目前尚无统一明确的界定。但是学者们普遍认同英语教师的专业地位，认为想要成为一名合格的英语教师，必须具备专门的英语教师素质结构。因此，已有研究多以英语教师的专业素质结构为出发点，探讨英语教师专业发展的内涵。关于英语教师素质结构的理论研究，尽管角度和侧重各有不同，但归纳起来大致包括普通教师所应具备的基本素质、语言教师所应具备的专门素质以及英语学科教学的专门素质 3 个方面。合格英语教师的素质应包括专业知识与专业技能、教学组织能力与教学实施能力、人品修养与性格、现代语言学知识、英语习得理论知识和一定的英语教学法知识。

语言教学本身和英语教学的双重特殊性使得英语教师的专业发展具有其自身的特点，但是英语教师首先也是教师，因此，英语教师专业发展的概念与一般意义上的教师专业发展具有一致性。所以，在深入探讨英语教师专业素质结构基础上，国内的研究者们结合教师专业发展的多个维度和中国英语教学的实际要求，初步讨论了中国英语教师专业发展的具体内涵：①英语教师的专业发展是指，英语教师在教师职业专业化背景下，在教师教育的机制中，不断学习、反思、发展和成长的动态过程。②在英语教师职业化专业化确立的前提下，英语教师的专业发展概念可以有两个维度，其一是指教师个人在专业教学生涯中的心理成长过程，心理成长的内容包括态度层面（专业信心、态度价值观的增强）、学科知识能力层面（学科知识在“博”与“专”两个维度上的持续更新）、专业教学知识能力层面（教学技能的提高以及为应对教学不确定性而发展丰富的教学策略意识的不断强化，人际交往与同事合作等能力的完善）；其二指在职教师受外在的教育或培训而获得上述方面的发展。③强调英语教师专业发展中教师的主体性，认为“英语教师专业发展”的概念应该界定为英语教师以自我发展需要为动力，在教师教育机制中，通过不断学习、反思使自己的专业智能素质和信念系统不断发展、完善的动态过程。

我们认为，英语教师的专业发展应该理解为英语教师内在专业素质结构不断更新、演进和丰富的过程。

二、英语教师专业发展的模式

（一）学校主导模式

学校主导模式，是指教师专业发展由教师所在学校主导，根据学校的实际情况和教师的实际需要，确定有关制度，制定有关方案，组织和开展促进教师专业发展的形式多样、丰富多彩的各项活动。学校主导模式主要具有五大优势：

（1）培训活动与日常工作密切结合，既可以缓解工学矛盾，又有利于克服理论与实际相脱节的弊端。

（2）培训目标明确具体，直接服务于教师的教育教学工作，直接促进教师的专业发展。

（3）培训内容比较丰富，不仅有政策与理论的学习，更主要的是有针对教育教学实际问题的观摩与探讨、交流与借鉴。

（4）培训形式灵活，校本培训可以与校本研究结合起来，使培训克服了单纯的知识讲授的方式，在听课观摩、问题讨论、实践反思、观点交流等活动中，教师的专业素质逐渐得到发展。

（5）培训成本较低，因为教师只是在学校场景中参加学习与培训，不需离开学校外出。

与此同时，学校主导的英语教师专业发展模式也存在一些不足。

首先是培训资源的有限性。仅仅依靠学校自身的资源来提升教师专业水平是远远不够的，学校还必须开发校内外培训资源，如与校外专家、教研部门、教师培训机构等建立稳定的密切的联系，随时关注各种培训和学术会议信息。

其次是专业发展的经验性。校本培训更多的是注重提高教师解决实际问题的能力，对于教师专业发展具有较强的针对性和实效性。但是，校本培训也容易使教师专业发展仅仅停留在实践经验和操作技能的层面，忽视对经验的提升和对教育规律的总结与归纳，难以提升到理论层次。

（二）自我指导模式

1. 自我指导模式的内涵

自我指导模式是指以教师的自我发展、自我指导为主，以教学经验丰富的教师或专家的帮助支持为辅，通过对自己教学活动的反思、研究，对同事教学的观摩、模仿等，总结教学过程中的经验教训，寻找与同事之间的差距，自己探索教学方法、加强与学生的交流沟通，冷静处理课堂突发事故，从而提升自我教学能力的一种专业发展模式。在这种模式中，教师自己的教学发展意愿是决定性因素。教师发展有三种模式，即理性主义发展模式、行为主义发展模式和建构主义发展模式，自我指导型教师教学发展模式的理论基础是理性主义。理论主义发展模式认为，教师在理性的指导下，具有自我发展的能力与动力，能够约束改正自己的教学行为，科学而客观地指导自己的发展。理性主义重视严密的逻辑推理和实证在知识生产过程中的重要作用。理性主义认为，教师教学发展的过程主要是专家单向向教师传递知识的过程，而讲授、阅读、记忆等是教师教学发展的典型行为。

2. 自我指导模式的操作方式

（1）自我发展理想

在自我指导型教师专业发展中，首先教师需要对自己有一个预期，即教师希望达到什么样的教学目标，在学生面前呈现一个怎样的教师形象，同行或领导如何评价自己，着重发展自己的哪一种教学能力。其次教师要了解为了达到这样的目标，教师自己需要做哪些准备，克服哪些困难等。通过回答这些问题，教师对自己的教学发展目标有一个清晰的认识。

（2）自我评价

教师需要进行自我评价，即对现在的自己有一个准确的定位，明确自己在教学中的优势和劣势，如何更好地发扬自己的优点和长处，而自己的劣势是什么以及它会带来怎样的危害，教师应该如何超越现实的自己而实现理想的自己。

（3）确定差距

在自我指导型教师专业发展中，教师在完成自我预期与自我评价之后，需要找寻二者之间的差距，即要实现教学能力的提升，自己需要在哪方面努力，是课前的教学设计，教姿教态的端正，教学语言的规范，教学方法的改进，还是现代多媒体教学技术的学习。

（4）制订计划

教师确定了自己的教学理想与现实之间的差距后，需要制订切实可行和科学的发展计划，将自己的教学发展目标付诸实践。教师要明确自己教学发展的现实性和可能性，制订计划时既要考虑到已有的教学经验，也要考虑自己为了达到目标应该学习哪些教学技能和教学方法。既要考虑哪些培训和课程对自己有用，也要根据自己的时间和精力考虑能够参加哪些培训和课程。

（5）实施计划

教师需要实施自己制订的教学发展计划，将计划落到实处。最好能够将目标分解为一个个比较容易实现的小目标，然后逐一实现。教师需要确定哪些新的技术和行为能够为自己所用，并在确定后执行。在实施已经制订的教学发展计划时，教师还需要时刻对新的观点进行反思。

（三）实践研习模式

实践研习型教师专业发展是指以教师的教学实践为出发点和归宿，以完善和提高教师的教学实践为目标，以观摩教学、教学研究、合作交流和试验实践为基本方式的教师专业发展模式。从发展目标上看，完善教师的教学实践，提高教师的教学能力是实践研习型教师专业发展的目的；从发展方式上看，实践研习型教师专业发展的前提和基础是实践，通过对实践的总结、反思、研究，提高对实践的认识，并通过这种认识来指导自己下一次的教学实践。实践研习型教师专业发展的理论基础是行为主义发展范式论。行为主义发展模式认为，教师教学知识的增长和教学技能的获得是能够被控制的，教师可以通过外部的观察与反馈，自身的实践和试误，获得教学发展所需要的知识和技能，从而达到教学能力和水平的提升。教师评价、教学观摩、教学工作坊、教学示范等是教师教学发展的重要形式，专家指导、同伴交流和重视反馈是教师教学发展的有效方式。

教学发展属于一种行为的学习，它虽然需要一定理论的指导，但归根到底还要从实践中学习。理论是对客观事物发展规律的抽象认识，但具体实践却是丰富的，理论必须用来指导实践才会有价值，否则只是空洞的说教而已。而另一方面，实践也是理论的来源，理论是从实践中总结抽象出来的，教师的专业发展必须重视实践的价值和力量，并以实践为出发点和落脚点。

实践研习型教师专业发展模式认为对教学的认识应该从实践中来，并且运用到实践中去。实践研习型教师专业发展反对简单地告诉教师哪一种教学方式更有效，而是主张让教师自己在实践中发现哪种教学方法更优越，更易于让学生接受，从而在实践中发展自己的教学能力。在教师专业发展中，教师应该多与同行进行交流，研究他们的教学法，吸收其中的精髓为我所用；反思自己的教学实践和留心周围的教育现象，善于发现问题、分析问题，从而解决问题；不断根据实际情况改善自己的教学方法；扩展自己的专业知识和能力；及时更新自己的教学理念、教学手段，培养自己教学的创新能力，从而提高自己的教学能力。

第四节　英语教师专业发展的内在要求及基本路径

一、英语教师专业发展的内在要求

（一）过硬的基础教育能力

任何一门专业都对从业人员有基本的能力规定，这些能力就是该专业的基础性能力。英语教师作为承担英语教学任务的专业人员，从其所面向的对象、工作的场所和内容，以及追求的目标等方面来看，至少应该具备三个方面的基础性能力。

1. 沟通能力

现代教育教学理论已经不再把教学看成知识输出和接受的过程，而是师生之间交流和对话的过程。所以，国内有学者提出“教育即交流”的命题，认为教育的过程实质上就是师生沟通的过程。在日常教学中，同一堂课，相同的教学内容，面对相同的学生，有的教师把握起来得心应手，有的教师的课堂却死气沉沉，其主要原因是教师沟通能力存在差异，无效或低效的沟通直接影响了教师的教学效能。因此，沟通能力对于教师来说是最基础的能力。

英语教学尤其需要沟通和交流。学生英语能力的习得往往需要师生之间的充分互动，互动的过程其实就是沟通交际的过程。如果教师缺乏此方面的能力或此方面的能力不强，教学效果的不理想是可想而知的。教师要实现有效的沟通和交流，必须从心底里树立以学生可持续发展为本的思想，在教学中充分发扬民主，公平地对待每一位学生，耐心倾听每一位学生的心声，同时要注意沟通时的语言技巧，让学生乐于沟通，乐于参与课堂学习，进而热爱英语老师，热爱英语学习。充分有效沟通和交流的教学才是有效的教学，具有有效沟通和交流能力的教师才是真正胜任教学的专业教师。

2. 教学设计能力

面对一个特定的教学任务，教师如何组织教材，如何设计教学程序，采用何种教学方法和技术来开展教学显得尤其重要。好的课堂设计可以使课堂教学跌宕起伏、妙趣横生，可以一下子紧紧抓住学生的注意力，激发学生求知的欲望。教学设计能力的高低与操作性知识的多少是密不可分的。但是，操作性知识丰富并不意味着教学设计能力强。英语教师要有意识地加强有关教学设计的研讨，不同的教学设计理念、不同的教学活动的选择、不同的教学媒体的运用都会在很大程度上影响教学效果，影响学生英语能力的习得、巩固和提升。

3. 教学监控能力

一堂课能否顺利展开，能否取得预期的教学效果，不仅有赖于教师的沟通能力和教学设计能力，而且还与教师的课堂管理能力密切相关。这种课堂管理的能力就是教学监控能力。教学监控能力是教师的核心能力。在一个有几十名学生的教学班，没有很强的课堂监控能力而要实施有效的课堂教学几乎是不可能的。如何有效地推进各种教学活动，如何确保各类学生在学习过程中都在各自的起点上获得应有的进步，如何确保小组合作学习有效实施等，都需要英语教师有很强的能力去掌控。这种教学监控能力其实是一种综合能力的体现，它没有明确的章法可以遵循，运用之妙，存乎于心，但要做到随机应变、游刃有余确非易事。

（二）完善的知识结构体系

1. 扎实的英语学科知识

（1）词汇知识

①英语词汇的形态结构。了解词的各种构成要素及其称谓。

②英语构词法。英语单词构成有其规律，很好地掌握了构词规律，才可以很好、很快、准确地记忆单词。

③词类。词类又叫词性，根据不同的标准可以进行不同的分类。一般根据英语单词在句子中的功用，分成十大类：名词、形容词、副词、动词、代词、数词、冠词、介词、连词、叹词。

④词义与语境。语境即言语环境，它包括语言因素，也包括非语言因素。上下文、时间、空间、情景、对象、话语前提等与语词使用有关的都是语境因素。词义即一个词的最初的含义，称作本义。以本义为出发点，根据它所反映的事物或现象的各个特点，词在它的发展过程中又会产生若干个与本义相关但并不相同的意义，这就是词的引申义。语境对词义的作用主要表现在消除歧义，限定所指，提供猜词线索等三个方面。

⑤英语习语。语言是文化的载体，习语又是语言的精华，是一门语言不可或缺的重要组成部分。习语一词的含义甚广，一般指那些常用在一起、具有特定形式的词组，其蕴含的意义往往不能从词组中单个词的意思推测而得。

（2）语法知识

语法是研究语言结构规律的科学，它说明该语言中词或短语等语言成分是如何结合起来形成句子的。英语语法，包括词法和句法两部分。前者是指词的结构、形式和类别的变化，如名词和代词的数、格、性，动词的人称、时态、语态、语气，形容词和副词的比较等级，等等。后者指的是句子中词以上的语言形式的排列组合规则，包括词与词的关系、词的排列、短语和句子的组成以及句子成分等。

（3）阅读知识

①文体及结构知识。文体一般有四种，即记叙文、说明文、议论文和应用文，在写法上它们都有各自的写作方法和结构特点。

②文化背景知识。文化背景包括政治、经济、社会、科学技术、天气情况、地理环境、人物的性格特点及知识水平等各个方面。

③生活经验。阅读理解的能力一般随着生活经验的丰富而不断提高。

④习语及固定搭配。每一种语言都有自己的习惯用语和固定搭配，一般情况下，这些用语和固定搭配是不能单从字面意思来理解的，英语也是如此。这就要求英语教师在平日的英语学习与教学中进行广泛的阅读，积累、掌握英语中的习语及固定搭配。

（4）写作知识

①英语写作训练的目的。在英语教学中，英语写作训练一般包括两个方面：一是语言基础方面的训练，即语法和句法等方面的基本功；二是写作知识和能力方向的训练，即写作的基本理论和技巧。

②英语的思维方式。中国人用英语写作还面临着思维方式的转变问题，不熟悉英语语言思维方式的人，无论有何等“高超”的写作技巧，都不可能创造出优美地道的英文作品。

③英语语言的功底。英语语言的功底指对这门语言中各种语言知识的掌握和运用能力，其中包括用词的准确和精炼、修辞手段的自如运用、时态的准确运用以及语法和句法结构的熟练掌握等。

④汉、英语用词和表达习惯的不同。由于英语、汉语是两种不同语言体系，词汇的使用和词义，在许多情况下会有很大不同。具体来说，同一个汉语词的意义在译成英语时，要使用不同的英语来表达。反之，同一个英语词译成汉语时也可能有不同的译义。

2. 广博的文化知识

一个人想要成为合格的教师需要具备两个条件，其一是对教材进行深入思考，可以完整地把握教材；其二是拥有的知识量一定要比任何教科书的或者是教学计划当中规定的知识要广博。一般来讲，中国的英语教师基本上是由大学培养的，因此大学的培养模式直接决定着英语教师的专业素质。中国高等学校英语教学大纲中指出，英语专业技能、英语专业知识和相关专业知识课程构成了英语专业的所有课程。在课程设置比例方面，相关专业知识课程只占用了15%。同时在大二和大四分别举办的专业等级考试，关注的只是学生听、说、读、写、译等方面的能力，这势必会造成大学英语专业教育只是关注英语专业技能和知识方面的培养的情况。因此出现了大量英语专业的毕业生只懂英语，并且知识结构单一。但是，教师的工作具有人文性的特点，因为教师培养的是符合社会主义建设和发展的人，这就要求英语教师必须具备广博的文化知识，帮助学生更好的理解世界。

（三）良好的心理素质

在谈到英语教师的素质时，教师的英语专业水平往往容易受到重视，而教师的心理素质很容易受到忽视。实际上，一名优秀的英语教师应该具备良好的心理素质。心理素质是一个人的情感、意志和性格的总体反映，具有良好心理素质的教师更容易受到学生的爱戴和欢迎，这对英语教学来说尤为重要，因为学生很容易产生移情的心理效果，他们很容易会把对一个教师的喜爱转移到这个教师所教授的课程上面。一名优秀的英语教师首先应该是一个受学生欢迎的老师。

在情感方面，教师首先要热爱英语教育事业，并愿意为之付出心血。青少年是祖国的未来，是21世纪中华民族复兴事业的主要承担者，他们素质的高低将直接影响中国未来的发展。因此，每个英语教师都要有一种责任感，有高度的责任心，立志把自己的学生培养成有用之才。英语教学本身也是一个值得为之努力的事业。英语是一种丰富、优美的语言，有着令人陶醉的魅力。而且，英语还承载着久远的文化、伟大的文学传统、西方文明的主流，它不仅值得学，而且值得教。多学一种语言，不仅是多打开一扇窗子，多一种获取知识的桥梁，而且是多一个世界、多一个头脑、多一重生命。教师应该喜欢自己的学生，因为学生的成长体现着教师的价值，是教师生命的无限延伸。在日常的教学中，尽管学生也有让老师烦心的时候，但是他们的点滴进步都是对老师最好的回报。教师还要热爱自己的每一个学生，对学生要一视同仁。一个班级的学生来自不同的家庭，每个家庭都有自己独特的情况。每个学生也有自己的个性特点，教师要平等地对待每个学生；不偏袒自己特别喜欢的学生，也不歧视自己不喜欢的学生；要对学生充满爱心，以求得融洽和谐的师生关系。

在意志方面，教师要具有克服困难的勇气和决心。青少年在学习英语的过程中会出现各种各样的问题，许多问题是无法从书本中找到答案的，这就需要教师培养自己良好的意志，不断地在教学实践中探索解决问题的方法。英语学习是一个漫长的过程，世界上没有一种所谓的速成秘方，能够使学生迅速地学会英语。这需要学生有恒心，也需要教师具有持之以恒的意志。这种持之以恒的意志还表现在教师自身的提高方面。一个优秀的教师需要在教育实践的过程中不断地发现问题，解决问题；不断地通过学习，研究提高自己的教学水平。每个教师都是生活在这个社会中的人，每个人在生活中都有自己烦恼的时候，教师要善于控制自己，不要把不良的情绪带到课堂中。

在性格方面，英语教师要比较外向，活泼热情，风趣幽默；同时还要沉着冷静，善于组织教学，把课堂教学组织得井然有序，生动活泼。

（四）与时俱进的发展性教育能力

世界是变化发展的，教学也在不断变化和发展。对于教师来说，不存在一成不变的教学知识、方法和手段，教师的知识和能力需要随着时代的发展和变化而不断更新。

1. 合作研究能力

教学专业与其他专业最大的区别在于工作对象的不同：教师所面对的不是静止的物体，而是一个个具有主体思维的鲜活的生命，教学的复杂性、艺术性和创造性皆由此而生。看似常规的教学活动几乎没有一点是重复的，教师不断被置于新的教学情境中，不得不面对许多新问题。而这些问题都具有个体性、偶然性和情境性，需要教师自己去反思，去寻根究源，找到解决问题的办法。所以，研究应该是教师工作的一种常态。

培养教师研究能力的第一步，是培养教师的批判和反思意识。教师只有摆脱日常经验的局限，对看似平常的教学现象保持批判的态度，才能发现隐藏在教学现象背后的深刻的教育问题；只有通过日常教学反思，才能以敏锐的目光去捕捉那些教学中值得关注而又易于忽略的细微之处。不做研究和反思，简单重复已有的教学经验，是许多教师专业能力退化、教学效能低下的重要缘由。如果一个教师仅仅满足于已有的经验，而不对经验进行深入的思考，那么，他充其量只是一个“熟手”，永远都不会成为“研究型教师”。因此，只有教师自己才能改变自己，只有当教师意识到自己经验的局限性，并通过反思进行批判、调整和重构后，才能形成先进的教育理念，才能总结出有效的教育方法。

当然，教师的研究不应是一个人的孤军奋战和冥思苦想，它需要与同事的沟通和合作。教学工作的特殊性和复杂性，决定了教师仅仅依靠个体反思难以实现真正意义上的专业发展。教师需要与同事一起合作，共同发现问题和解决问题。因而，合作应该是教师研究的主要方式。培养合作能力需要教师有平等开放的心态，有不耻下问、乐于助人的精神，有不计个人得失，把促进学生发展作为教学唯一目的的教育信念和责任感。

实践表明，教师的合作研究能力会在教学中深深影响学生的合作探究能力。这一点在英语课堂教学中表现更为明显。有合作研究习惯的教师自然会把这种习惯迁移到自己的课堂教学中去，从而使自己的课堂教学更具亲和力和实际效果。长此以往，教师的习惯也会变成学生的习惯，达到潜移默化的目的。

2. 创新能力

创新是教学的灵魂，也是教学的最高境界。教师的创新能力是区别“经验型教师”与“专家型教师”的根本标志。所谓创新能力，是指教师能否根据教学内容、情境和对象的变化，创造性地运用教学理论和教学方法以达到教育目标的能力。创新既遵守基本的教育规律，而又不被条条框框所束缚，使教学过程的空间得到拓展并富有弹性，充分体现教师的教学机制。创新能力的培养不仅有赖于教师教育教学观念的更新，更有赖于教师个体实践经验的积累，以及教师对教育教学理论的辩证理解和对教学方法及手段的灵活运用。创新能力的形成，需要教师有扎实的基础性能力作为支撑。脱离基础性能力的培养，没有发展的意识和能力，教师的创新能力也就无从谈起。教师个体实践知识的多少与创新能力的高低有着十分密切的关系。教师要不断丰富个体实践知识，以提高自身的创新能力。

3. 生涯规划能力

当今世界，知识日新月异，学校所面临的教育环境和社会环境正变得日益复杂，教学专业所面临的挑战也日益严峻。“做一天和尚撞一天钟”的教师已经不能适应教育发展和社会发展的需要，教师必须时时刻刻思考怎样才能做一个胜任工作的好教师。教师要根据时代发展，树立明确的、切实可行的专业发展目标，并根据自身所处的内外教学环境的变化，确定并不断调整专业发展的内容和途径。只有对自己的职业生涯进行清晰的规划，才能明确人生和职业的发展方向，才能清楚地认识到自身的价值，抓住机遇，增强自身的职业竞争力和使命感。每位英语教师在工作伊始，就应树立自己的职业理想，做好自己的职业规划，确立自己各个发展阶段专业能力的提升目标，并有效地激励自己一步一步地走向成功。有了明确的目标指引和踏踏实实的行动，成为英语教学名师的理想就不难实现了。

二、英语教师专业发展的基本路径

（一）发展专用英语教师（ESP）

专门用途英语（English for Specific Purposes）的教学是教改要求之一。专门用途英语可以分为与专业学科密切结合的学术英语（English for Academic

Purpose）和与就业有关的职业英语（English for Occupational Purpose），前者是为了满足学生使用英语学习专业课程的要求而提供的一种手段，后者以某一学术领域题材为内容，通过学习学科内容帮助学生熟悉该方面专业词汇、句法与篇章结构。ESP 教师是学术化、专业化教师，是在掌握良好英语基础情况下了解其他特定学科领域专业术语新知识的教师，这就要求高校必须配合教学课程培养专用英语教师。

开设专门用途英语课程，一支高水准的英语教师队伍必不可少，这些教师在具有较高英语水平的前提下，还要掌握一定的专业知识。在学校给予相关培训、相关激励政策的同时，教师自主发展意识也是影响 ESP 教师养成的关键。

（二）运用实践反思模式

批判性思维，即反思检视思维，反思对于批判性思维的养成起着关键性作用。实践反思，是一个由实践到反思再到实践的循环往复、螺旋上升的过程。在对教师专业发展中，教师思考与实践具有重要作用。

在教学过程中，听课交流是实践反思的首选方式。通过旁听其他教师的讲课，抓取其教学闪光点加以自我利用，反思自我教学的优缺点，在下次教学中加以改进。

运用实践反思模式，能够调动教师自主发展的积极性，在提高自身专业水平的情况下，实现教学水平的提高、教学质量的改善。

（三）丰富教育设备，线上线下相结合

近年来国家在教育方面投入的资金有增无减，学校应当合理利用资金，更新教育设备，增加多媒体设施，创设现代化多媒体英语教室，依托互联网、人工智能等给课堂教学增加趣味性。

利用互联网平台融入线下课堂教学，发掘更多优质线上资源推荐课后自主学习，既有助于丰富教学内容，也丰富了教师的知识储备，还有助于教师熟练掌握现代化技术，不断改进教学方法，努力提升教学质量。有关部门应该支持大学英语教师“线上+线下”的课程开设，并为教师实施网络化教学创造更好的条件。为做好“线上+线下”英语课堂的开设，学校等机构必须营造出良好的英语教学的网络生态环境，帮助教师将课堂教学与网络信息技术相结合。

（四）善用“互联网+”平台，把握大数据时代背景

“互联网+”使教师可以及时获取所需信息，提高备课效率，还可以抓住碎片时间进行碎片化学习，加强自我发展。利用互联网，不仅可以方便师生之

间沟通，也可以方便教师之间沟通，尤其是与其他院校教师的沟通，如不同高校、不同区域的英语教师可以共同参与专业技能提升和教学研究。

大数据的特点可以概括为高效、方便、庞大、精确。大数据时代的机遇给大学英语教学带来的变革是多方面的，直观上的改变包括课程资源、教学模式及教学设备等；无形中的改变是教学理念、教师角色与政策制度。通过对海量数据分析研究，预测出未来发展走向，这一作用能够可靠地为大学英语教学改革指引方向。微课、慕课、翻转课堂等创新的教学模式，在大数据的分析中得到利弊预判，给教师利用改善教学模式提供了便利。

（五）增强团队协作意识

增强团队协作意识是教师队伍建设的关键。在团队协作的过程中，教师常常感受到他人的关注与鼓励，更能激发自己努力向上的热情，在互助的同时实现自助。团队协作可以通过集体准备教案、相互听课交流、共同申请研究科研项目等实现。具备团队协作意识，才能够在教师团队之间真正实现优势互补，让教学与科研活动等实现事半功倍的效果。

（六）改善教育环境，改革政策制度

在教育环境上，学校等教育机构不能一味抓学生成绩、教师绩效考核等行政方面的硬指标，而应当积极营造人性化的教育氛围。一个课堂教学频次适中、教学评价科学多维、对话机制便捷有效的教育环境，更能激发教师自主发展的积极性和科研活动的自发性。

参考文献

[1] 蔡龙权，裘正铨. 大学英语教学研究 [M]. 上海：上海科学技术出版社，2007.
[2] 陈鹤丹. 人文生态理念与大学英语教育的融合与实践 [J]. 黑河学院学报，2020，11 (5).
[3] 陈康. 浅谈反思性教学与英语教师专业发展 [J]. 河南教育 (高教版)，2018 (11).
[4] 陈瑞，洪亮，叶春菊. 民办高职院校英语教师专业发展现状与对策研究 [J]. 海外英语，2020 (7).
[5] 陈晓丽. 高校英语慕课与翻转课堂教学模式研究 [M]. 成都：电子科技大学出版社，2017.
[6] 陈雪芬. 中国英语教育变迁研究 [M]. 杭州：浙江大学出版社，2011.
[7] 晨梅梅，饶辉，张锡城，张军. 探索与变革　转型期的英语教学 [M]. 北京：商务印书馆，2004.
[8] 程炜丽. 高校英语教学中的文化教学 [J]. 佳木斯职业学院学报，2020，36 (9).
[9] 崔昌淑. 心理辅导课的教学研究 [M]. 广州：广东高等教育出版社，2014.
[10] 杜秀君. 英语教育论 [M]. 北京：北京理工大学出版社，2018.
[11] 范明铭. 论信息化时代下职业英语教育的发展策略 [J]. 海外文摘·学术版，2019 (19).
[12] 方芳. 改革视域下的大学英语教育新探索 [M]. 长春：吉林大学出版社，2019.
[13] 冯改. 大学英语教学模式问题与对策研究 [M]. 北京：中国商务出版社，2017.
[14] 付琳芳，郭晓燕. 当前英语教师专业发展的现状与对策研究 [M]. 长春：东北师范大学出版社，2018.

［15］高闫钢. 信息化背景下英语教育课程氛围测评分析［J］. 吕梁教育学院学报，2019，36（4）.
［16］宫玉娟. 大学英语教学模式改革创新研究［M］. 长春：吉林出版集团股份有限公司，2018.
［17］郭剑晶. 专门用途英语教学研究［M］. 北京：知识产权出版社，2012.
［18］郭楠楠. 论“慕课”及在大学英语教学中的应用［J］. 佳木斯职业学院学报，2018（11）.
［19］韩吉珍. 职前教师实践性知识研究［M］. 太原：山西科学技术出版社，2016.
［20］郝彩虹. 大学生英语教师的专业身份认同危机及应对研究［M］. 重庆：重庆大学出版社，2014.
［21］何冰，汪涛. 翻转课堂与英语教学［M］. 长春：吉林人民出版社，2019.
［22］河北省中小学教师信息技术与远程教育应用能力培训办公室. 信息技术与远程教育应用能力培训教程：各学科教师与教学管理人员适用［M］. 石家庄：河北人民出版社，2008.
［23］胡蝶. 高校英语教育教学创新与实践的研究［J］. 山西青年，2021（18）.
［24］胡晓. 高校英语教师专业发展思考［J］. 魅力中国，2021（16）.
［25］扈玉婷. 大学英语生态化写作教学研究［M］. 北京：北京理工大学出版社，2019.
［26］黄儒. 大学英语教学模式研究［M］. 哈尔滨：黑龙江教育出版社，2018.
［27］黄贞贞. 大学英语教育中的跨文化教育探究［J］. 环球市场，2020（3）.
［28］霍然. 跨文化英语教学研究［M］. 长春：吉林出版集团股份有限公司，2019.
［29］贾玉新，刘长远，宋莉. 跨文化交际理论探讨与实践［M］. 上海：上海外语教育出版社，2012.
［30］江桂英. 中国英语教育　语言经济学的视角［M］. 厦门：厦门大学出版社，2010.
［31］金原诗. 试论信息化背景下大学英语教育转向［J］. 山西青年，2021（21）.
［32］康春杰，陈萌，吕春敏. 基于错误分析理论的英语翻译教学研究［M］. 长春：吉林文史出版社，2017.
［33］李贵君. 生态语言学指导下的大学英语教学改革［J］. 海外英语，2021（11）.

[34] 李浩宇. 英语教育与互动课堂模式研究 [M]. 长春：吉林美术出版社，2018.
[35] 李建军，李贵苍. 跨文化交际 [M]. 武汉：武汉大学出版社，2011.
[36] 梁哲. 翻转课堂校本化研究 [M]. 长春：吉林人民出版社，2019.
[37] 林珊玲. 错误分析理论在大学英语写作教学中的运用 [J]. 安徽文学，2015 (5).
[38] 林湛. 学校形象识别系统的研究 [M]. 厦门：厦门大学出版社，2015.
[39] 林正柏. 基于 MOOC 理念的大学英语课程教学研究 [M]. 北京：北京工业大学出版社，2019.
[40] 刘倩. 英语教师专业发展 理念与实践 [M]. 济南：山东教育出版社，2009.
[41] 刘献瑶. 建构主义理论及其对英语教学的启示 [J]. 考试周刊，2015 (A1).
[42] 刘艳峰. 教育生态化对高职英语教育可持续发展的启示分析 [J]. 海外英语，2021 (16).
[43] 刘英爽，鲁硕，程颖，等. "互联网+" 背景下英语教师专业发展研究 [M]. 北京：中国商务出版社，2019.
[44] 刘雨蓓. ESP 教学方法改革与教师专业发展研究 [M]. 青岛：中国海洋大学出版社，2019.
[45] 刘悦淼. 高校英语教育中跨文化交际能力培养分析 [J]. 湖北开放职业学院学报，2020，33 (15).
[46] 刘忠喜. 英语教师教育者专业发展途径的多维度探究 [M]. 长春：吉林大学出版社，2018.
[47] 鲁鸣. 教育生态学视角下大学英语教学改革的问题与路径 [J]. 西昌学院学报 (社会科学版)，2021，33 (1).
[48] 吕文丽，庞志芬，赵欣敏. 信息化时代下的大学英语教学改革探索 [M]. 长春：吉林大学出版社，2019.
[49] 马予华，陈梅影，林桂红. 英语翻译与文化交融 [M]. 长春：吉林人民出版社，2017.
[50] 宁云中. 生态、空间与英语教育教学研究 [M]. 北京：中国戏剧出版社，2019.
[51] 欧阳芬. 慕课与教师专业发展 [M]. 天津：天津教育出版社，2016.
[52] 欧阳琼. 翻转课堂在英语教学中的应用 [J]. 魅力中国，2019 (31).
[53] 欧阳魏娜，侯飞亚，刘子涵. 大学外语教学中的慕课和翻转课堂研究

[M]. 西安：世界图书出版西安有限公司，2018.
[54] 潘英慧. 基于微课的大学英语教学模式分析与研究 [M]. 长春：吉林科学技术出版社，2020.
[55] 裴祎颖. 线上线下互动融合——论英语教育的模式创新 [J]. 魅力中国，2018 (31).
[56] 邱春荣. 英语教育中的生态文明 [J]. 环境教育，2021 (C1).
[57] 邱东林，季佩英，范烨. 大学英语教育探索与实践 [M]. 上海：复旦大学出版社，2012.
[58] 申仁柏. 互联网+对现代会计教学改革的影响研究 [M]. 长春：吉林大学出版社，2019.
[59] 沈银珍. 多元文化与当代英语教学 [M]. 杭州：浙江大学出版社，2006.
[60] 舒婧娟，汪萍，鲁春林. 基于多维视角下的英语教育模式研究 [M]. 青岛：中国海洋大学出版社，2019.
[61] 束定芳. 英语教育与教学研究 [M]. 上海：上海外语教育出版社，2019.
[62] 孙春兰. 翻转课堂模式中的英语案例教学研究 [M]. 长春：吉林出版集团股份有限公司，2019.
[63] 孙青媚. 微课在小学数学创新教学中的应用探究 [M]. 长春：吉林人民出版社，2020.
[64] 孙瑞芳，王珍. TPACK 理论下的英语教师专业发展 [J]. 河北北方学院学报（社会科学版），2019，35 (2).
[65] 孙雯，张夏. 高校英语教育中跨文化教育现状与对策研究 [J]. 文化创新比较研究，2020，4 (17).
[66] 汤海丽. 高校英语信息化教学改革与微课教学模式探究 [M]. 北京：冶金工业出版社，2018.
[67] 唐君. 高校英语信息化教学研究 [M]. 北京：中国国际广播出版社，2018.
[68] 王昌海，陶斐斐. 中国教育信息化研究 [M]. 贵阳：贵州人民出版社，2009.
[69] 王翠英，孟坤，段桂湘. 大学英语生态课堂与生态教学模式构建研究 [M]. 西安：西安交通大学出版社，2017.
[70] 王观玉，周力军，杨福建. 大学计算机 [M]. 成都：西南交通大学出版社，2019.
[71] 王珊，马玉红. 大学英语教学的跨文化教育及教学模式研究 [M]. 武汉：武汉大学出版社，2018.

[72] 王诗涵. 互动英语教育模式 [J]. 商业故事, 2015 (23).
[73] 王雨琪. 英语教师专业发展及其测量 [J]. 现代交际, 2021 (19).
[74] 魏华. 大学英语生态课堂与生态教学模式的路径探索 [M]. 南京: 东南大学出版社, 2018.
[75] 邬厚民. 微课资源的建设与应用 [M]. 长春: 东北师范大学出版社, 2017.
[76] 吴本虎. 以发展综合认知能力为目标的英语教育 [M]. 上海: 上海外语教育出版社, 2016.
[77] 吴海燕. "互联网+" 时代大专英语教育发展 [J]. 山西青年, 2021 (7).
[78] 吴利霞. 基于卓越人才培养的英语教育生态系统研究 [J]. 江西电力职业技术学院学报, 2019, 32 (5).
[79] 吴美兰. 大学英语教育的教学方法和探索 [M]. 天津: 天津科学技术出版社, 2018.
[80] 吴文亮. 信息化时代高校英语教学理论的解构与重塑 [M]. 长春: 吉林大学出版社, 2019.
[81] 伍丽媛. 微课程的设计理论及应用 [M]. 成都: 四川大学出版社, 2017.
[82] 肖靓. 三结合英语教学模式的实践与研究 [M]. 北京: 北京理工大学出版社, 2017.
[83] 谢静静, 戴晓晖. 大学英语教学中跨文化教育的实施途径研究——评《跨文化视角下的大学英语教育探索》[J]. 林产工业, 2019, 46 (8).
[84] 谢宇欣. 新媒体时代的英语教育创新探究 [J]. 传播力研究, 2019 (13).
[85] 熊茜. 跨文化教育对于大学英语教育的重要性 [J]. 新教育时代电子杂志 (学生版), 2020 (21).
[86] 徐浩. 改革中的英语教育与英语教育的改革 [J]. 英语学习, 2021 (1).
[87] 徐倩. 翻转课堂在英语教学中的应用 [J]. 读与写, 2021, 18 (16).
[88] 严明. 跨文化交际理论研究 [M]. 哈尔滨: 黑龙江大学出版社, 2009.
[89] 阎毅. 信息科学技术导论 [M]. 西安: 西安电子科技大学出版社, 2014.
[90] 杨香玲. 英语教学技能应用指导 [M]. 北京: 光明日报出版社, 2010.
[91] 杨彦芬. 浅谈生态教育下的英语课堂教学 [J]. 读写算, 2018 (18).
[92] 杨洋, 倪兆学, 徐岩. 英语课堂设计与微课教学模式 [M]. 长春: 吉林人民出版社, 2019.
[93] 于辉. 当代大学英语教学改革多元化趋势研究 [M]. 长春: 吉林大学出

版社，2018.
[94] 俞利军. 跨文化与商务纵论 [M]. 北京：对外经济贸易大学出版社，2009.
[95] 张栋杰. 英语课堂的互动教学策略 [J]. 河南教育（基础教育版），2021（C1）.
[96] 张红玲. 跨文化外语教学 [M]. 上海：上海外语教育出版社，2007.
[97] 张喜华，郭平建主，谢职安，等. 信息化背景下大学英语教学改革研究 [M]. 北京：北京交通大学出版社，2017.
[98] 张鑫. 英语教学的理论与实践 [M]. 北京：知识产权出版社，2012.
[99] 张旭，陆宁皓. 大学英语教师专业发展路径研究 [J]. 现代交际，2020（15）.
[100] 张艳玲. 英语教学的理论、模式和方法 [M]. 青岛：中国海洋大学出版社，2018.
[101] 张哲华. 实用中小学英语教学法教程 [M]. 成都：西南交通大学出版社，2018.
[102] 章兼中. 英语课程与教学论 [M]. 福州：福建教育出版社，2016.
[103] 赵呈领. 信息技术与课程整合 [M]. 武汉：湖北科学技术出版社，2006.
[104] 赵丹丹. 大学英语教育信息化的 SWOT 分析 [J]. 教育现代化，2017（46）.
[105] 周露. 信息化时代大学英语教育的新转向 [J]. 校园英语，2020（40）.
[106] 朱红梅. 社会变革与语言教育 民国时期学校英语教育研究 [M]. 武汉：华中科技大学出版社，2011.
[107] 朱晓姝. 跨文化成功交际研究 [M]. 北京：对外经济贸易大学出版社，2007.